hanser**blau**

JENS NOTROFF

STAUB, STEINE, SCHERBEN

Wie Archäologen in
der Vergangenheit graben
und die Gegenwart finden

hanserblau

1. Auflage 2023

ISBN 978-3-446-27740-3
© 2023 hanserblau in der
Carl Hanser Verlag GmbH & Co. KG, München
Umschlag: FAVORITBUERO, München
Motive: Shutterstock.com / © Antonov Maxim
Illustrationen im Text: © Jens Notroff
Satz: Sandra Hacke, Dachau
Druck und Bindung: Friedrich Pustet, Regensburg
Printed in Germany

MIX
Papier | Fördert
gute Waldnutzung
FSC® C014889

Für K., meinen größten Fund.

»No traces left of all the busy scene,
But that remembrances says: The things have been.«

Samuel Boyse (»Deity: A Poem«, 1749)

Inhalt

Einleitung

Von Dingen und Menschen 13

Orchideen, die in Ruinen wachsen 17

Eine (sehr) kurze Geschichte der Archäologie 22

Und wozu soll das gut sein? 29

Vor der Grabung

Wir folgen keinen Karten zu verborgenen Schätzen 35

Auf Erkundungstour 37

Technik, die Archäologen begeistert 41

Der Blick von oben 49

Den Wald ohne Bäume sehen 53

Der Blick von noch weiter oben 54

So steht es geschrieben 59

Den Dingen auf den Grund gehen 61

Auf der Grabung

Feldarbeit 67

Aller Grabung Anfang: Eine kleine Gerätekunde 73

Graben mit System: Planum und Profil 80

Fundiert: Archäologischer Fund und Befund 85

Aufgeschichtet: Die Sache mit der Stratigrafie 90

Fundkontext, oder: Wo kommt das her? 95

Detailliert dokumentiert 100

Gebäudebiografien 115

Davon eine Probe, bitte. 117

Fundbergung, oder: Wo kommt das hin? 123

Waschen, schreiben, packen 126

Nach der Grabung

Zu Ende, aber noch nicht fertig 133

Die Leben der anderen 136

Lasst Funde sprechen 142

Die Vermessung der Vergangenheit 153

Wo hab ich das schon mal gesehen? 169

Ist das relativ alt? 174

Das ist absolut alt! 180

Karten auf den Tisch: Was bedeutet das nun alles? 190

Mehr als Grabung

Das alles und noch viel mehr 199

Sichern. Bewahren. Schützen. 200

Wer's findet, darf's behalten? 205

Aber was hat das jetzt mit mir zu tun? 210

Dank 213

Notiz zur Sprache 215

Literatur 217

EINLEITUNG

Von Dingen
und Menschen

Plötzlich waren die Menschen, die sich vor mehr als 5000 Jahren hier in der Wüste unweit des Roten Meers niedergelassen hatten, uns ganz nah. Oder viel mehr: ein ganz bestimmter Mensch. Ich hatte gerade einen der ausgetrockneten Lehmziegel aus einer verstürzten Mauer geborgen und vorsichtig zur Seite gelegt, als wir den Fußabdruck bemerkten. Ziemlich klein war er. Das Kind, das ihn hinterlassen hatte, konnte kaum älter als drei, vier Jahre gewesen sein. War es beim Spielen versehentlich zwischen – und dann in – die zum Trocknen ausgelegten Ziegel getreten? Oder hatte es den Abdruck absichtlich hinterlassen, weil die Gelegenheit zu verlockend war? Ob es Ärger gab? Am Ende jedenfalls war auch dieser Ziegel Teil der Hauswand geworden, deren Reste das Team aus jordanischen und deutschen Studentinnen und Studenten nun ausgruben – um als Erste nach mehr als 5000 Jahren diesen frechen Gruß aus der Vergangenheit wieder hervorzuholen. Für einen kurzen Moment schafft das so etwas wie eine Brücke über all die Jahrtausende hinweg. Ich kann den kleinen Fuß beinahe vor mir sehen, wie er in den noch feuchten Lehm tritt. Was für ein Fund. Kein Goldschatz, kein Palast oder Herrschermonument. Kein Kriegergrab. Ein Kind, das ungerührt von allen historischen Ereignissen seinen Fußabdruck in der Geschichte hinterlassen hat. Die Vergangenheit, zum Greifen nah. Genau deswegen, wegen solcher Momente hatte ich Archäologe werden wollen.

»Ach, Archäologe? Wollte ich auch mal werden, als ich klein war.« So fangen tatsächlich erstaunlich viele Gespräche an, wenn mein Beruf zur Sprache kommt. Auf Partys, beim Friseur oder nach dem Elternabend im Kindergarten. Auf Ausgrabungen gehört der Satz, das hat eine kleine, nicht unbedingt repräsentative Umfrage unter Kolleginnen und Kollegen ergeben, immerhin zu den Top-10-Kommentaren von Besuchern.

Der Blick in Zeitschriftenregale und TV-Spartenkanäle zeigt ebenfalls: Das Interesse an archäologischen Themen ist ungebrochen. Geprägt von lebhaften Reiseberichten aus der Anfangszeit des Faches, draufgängerischen Hollywood-Erzählungen und schlagfertigen Videospielheroen bewegt sich die Vorstellung archäologischer Forschung meist irgendwo zwischen waghalsiger Schatzsuche und exotischem Abenteuer. Die Bedrohung durch antike Fallen und uralte Flüche ist im realen Archäologenarbeitsalltag allerdings vernachlässig-

bar. Und trotzdem könnte unser Tätigkeitsfeld kaum vielfältiger oder spannender sein.

Auch ich wollte schon Archäologe werden, als ich noch
klein war. Gut erinnere ich mich an die gemeinsamen Besu-
che mit meinem Vater in den frühen 1980er-Jahren im Ost-
Berliner Bode-Museum, das damals noch die Ausstellungen
des Museums für Ur- und Frühgeschichte sowie des Ägyptischen Museums der DDR beherbergte. Ein richtungsweisen-
des Erlebnis. Besonders im Gedächtnis geblieben sind mir
die Details einer Inszenierung steinzeitlicher Bestattungen,
in einem dunklen Raum in höhlenartigen Nischen hinter
Glas (womöglich hat diese Erinnerung im Laufe der Jahre
auch etwas an Dramatik gewonnen; ich kann das nicht mehr
nachprüfen – die Ausstellung gibt es heute so nicht mehr).
Auf mein damals etwa fünfjähriges Ich wirkten diese Skelette
und Grabbeigaben jedenfalls sehr geheimnisvoll – und die
Fragen, die sie heraufbeschworen, sollten bis heute nachhal-
len: Wer waren diese Menschen? Warum sind sie zusammen
mit Muschelschmuck und Steinwerkzeugen begraben worden? Wie haben sie gelebt? Und wieso liegen sie jetzt hier, im
Museum?

Eine Ausgabe von C. W. Cerams *Götter, Gräber und Gelehrte*[1] im üppig bestückten Bücherregal meines Großvaters,

---

[1] Dieser 1949 veröffentlichte *Roman der Archäologie* gilt zurecht als Blau-
pause des populärwissenschaftlichen Sachbuchs – und zeichnet
auch mehr als 70 Jahre nach Erscheinen noch immer ein spannendes
Bild archäologischer Forschungsgeschichte. Wenngleich nicht uner-
wähnt bleiben soll, dass Ceram (eigentlich Kurt Wilhelm Marek) auch
deshalb unter Pseudonym veröffentlichte, weil er so etwas Abstand zu
seiner früheren Tätigkeit während des Zweiten Weltkriegs in einer
Propagandakompanie schaffen wollte.

den es selbst in die Biologie gezogen, der sich aber ein großes Interesse für historische Themen erhalten hatte, bot Antworten auf diese Fragen. Und den Hinweis auf ein ganzes Fach, das sich zu ihrer Beantwortung aufmachte. So bin ich also schließlich tatsächlich Archäologe geworden. Und irgendwie hat es mich dann nicht wieder losgelassen, dieses Fach.

Ich habe in Berlin studiert und konnte während der Semesterferien viel Zeit auf heimischen Baustellen und Rettungsgrabungen verbringen; da lernt man sehr schnell sehr viele wichtige Kniffe des Ausgrabungsgeschäfts. Inzwischen arbeite ich seit bald 19 Jahren am Deutschen Archäologischen Institut, dem ich das Privileg ganz unterschiedlicher und vielfältiger Forschung in Europa und dem Nahen Osten verdanke. Ob bei der Dokumentation früher Bewässerungssysteme in der jordanischen Wüste, der Ausgrabung steinzeitlicher Monumente im Südosten der Türkei, bronzezeitlichen Kultplätzen in Rumänien oder eisenzeitlichen Siedlungen in Polen – am Ende treibt mich bis heute immer wieder die eine Frage um: Wer waren diese Menschen?

In diesem Buch wollen wir eine Reise unternehmen, gemeinsam auf eine Expedition in diese Welt archäologischer (Feld-)Forschung gehen. Wir werden Ausgrabungen besuchen, von spannenden Funden erfahren, aber auch einen Blick über den Schaufelrand werfen und in Bibliotheken, Labors und Museumsdepots schauen. Wir werden sehen, welche Werkzeuge und Methoden der modernen Archäologie heute zur Verfügung stehen. Dieses Buch soll davon handeln, wie wir Archäologinnen und Archäologen uns jenen Menschen der Vergangenheit annähern – und versuchen, mit ihnen über die Jahrhunderte und Jahrtausende hinweg in den Dialog zu treten.

Orchideen,
die in Ruinen wachsen

»Archäologie ist die Suche nach Fakten, nicht nach der Wahrheit«, hatte einst ein bekannter Filmarchäologe (der mit Lederjacke und Filzhut Maßstäbe in Sachen Ausgrabungsmode gesetzt hat) seinen Studierenden mit auf den Weg gegeben. Wenn er mit *Fakten* materielle Überreste gemeint haben sollte, lag er damit so falsch nicht.

Wörtlich aus dem Griechischen als »die Lehre von den Altertümern« übersetzt, meint Archäologie zunächst vor allem die Erforschung der menschlichen Vergangenheit mithilfe überlieferter Gegenstände, Siedlungsreste und Bestattungen. Im Grunde aber ist Archäologie alles, was Archäologen tun. Das mag banal klingen, soll aber vor allem heißen, dass diese Forschung eben nicht nur auf Ausgrabungen und in Museen stattfindet. Sondern auch in Labors und an Schreibtischen. In Bibliotheken und Archiven, Planungsbüros und an unzähligen weiteren Orten, überall auf der Welt – gar im virtuellen Raum.

Den modernen Altertumswissenschaftlerinnen und -wissenschaftlern geht es nicht um verlorene Schätze. Auch nicht um Dinosaurier übrigens, ein weitverbreitetes Missverständnis: Die nämlich fallen in den Aufgabenbereich der Paläontologie – Familie Feuerstein und ihre Haustiere trennen gut 64 Millionen Jahre Evolutionsgeschichte.

Uns interessiert die Alltagskultur, das Leben der Menschen früherer Epochen. Denn davon zeugen all die Hinterlassenschaften, die kleinen und großen Funde, die Monumente und Ruinen. Sie sind Echo und Schatten dieses vergangenen Alltags.

Als vergleichsweise kleines Fach[2] wird die Archäologie zu den »Orchideenfächern« gezählt. Was irgendwie nach Rarität und Liebhaberstück klingt. Orchideen sind mehr Zier- als Nutzpflanzen. Ein Luxus, den wir uns leisten, weil sie uns die Schönheit und Vielfalt der Natur zeigen. Und wie diese Blumen muss sich eine Gesellschaft die nach ihnen benannten Fächer ebenfalls leisten wollen. Auch die Archäologie kann uns Vielfalt lehren. Unsere eigene menschliche, kulturelle Vielfalt.

So viele unterschiedliche Forschungsrichtungen gibt es innerhalb des Fachs, dass wir korrekterweise eigentlich von »Archäologien« im Plural sprechen müssten. Was all diese verschiedenen Disziplinen eint, ist der Gegenstand ihres Interesses: die Überreste und Hinterlassenschaften vergangenen menschlichen Lebensalltags. Eines Alltags, der von der Entwicklung der ersten bekannten Steinwerkzeuge im Nordosten Äthiopiens vor mindestens 2,5 Millionen Jahren (neuesten Funden in Kenia nach zu urteilen womöglich gar noch gut 700 000 Jahre früher) bis zu den Hinterlassenschaften und Monumenten unserer Gegenwart reicht und geografisch jeden Kontinent auf diesem Planeten umfasst.

---

2 Der hochschulpolitische Begriff »Kleine Fächer« bezeichnet solche Disziplinen, für die es in Deutschland vergleichsweise wenige Professuren gibt. Ein etwas abstraktes Konstrukt: Als »Kleines Fach« gilt, was an höchstens zwei Universitäten von nicht mehr als drei Professuren vertreten wird.

Ja mit Satelliten und Raumstationen sogar bis ins Weltall ausgreift, selbst auf Mond und Mars findet sich heute Menschengemachtes. Zum Forschungsgegenstand wird dabei alles, was unsere Vorfahren geschaffen und geformt haben: vom einfachsten Steingerät bis zur komplexen technischen Konstruktion, von der Hütte aus Mammutknochen und Tierhäuten bis hin zu Pyramiden, Palästen und Kathedralen.

Insbesondere für Epochen, die etwas unglücklich als *prähistorisch* oder *vorgeschichtlich* bezeichnet werden, so als würde unsere Geschichte erst mit Erfindung der Schrift so richtig greifbar werden, gewinnt diese sogenannte *materielle Kultur* ganz besondere Bedeutung. Deshalb stehen Beschreibung, Untersuchung und vergleichende Einordnung solcher Funde auch im Mittelpunkt archäologischen Forschens. Stellen sie doch, eben in Ermangelung schriftlicher Zeugnisse, die oft einzige Quelle dar, die uns eine Ahnung jenes vergangenen Alltags vermitteln kann. Immerhin umfassen diese »vorgeschichtlichen« Perioden gut 99 Prozent unserer Geschichte, was die Absurdität des Begriffes noch einmal unterstreicht. Wir sprechen daher auch lieber von *Ur-* statt von Vorgeschichte.

Mit der Ausgrabung hat die Archäologie eine eigene Methode zur Quellenbeschaffung entwickelt. Und sich mit zunehmender Materialfülle immer mehr spezialisiert, sich räumlich, zeitlich und thematisch in verschiedene archäologische Disziplinen aufgefächert. In einen ganzen Blumenstrauß, um beim Bild der Orchideen zu bleiben[3]: Während die *Klassische Archäologie* sich mit den Kulturen des antiken Mittelmeerraums auseinandersetzt, den alten Griechen und Römern also, widmen sich *Ägyptologie*, *Altamerikanistik* und *Vorderasiatische Archäologie* mit zusätzlichem sprachwissenschaftlichem Interesse dem Kulturraum des alten Ägypten,

---

3 Und dass in »Orchideen« das Wort »Ideen« enthalten ist, kann doch kein Zufall sein.

den vorkolonialen und indigenen Kulturen auf dem amerikanischen Doppelkontinent beziehungsweise in Mesopotamien, Anatolien und der Levante. Die *Ur- und frühgeschichtliche Archäologie* wiederum befasst sich mit den Hinterlassenschaften schriftloser Kulturen verschiedener geografischer Räume und Zeiten – bis sie ab 500 n.Chr. an die *Archäologie des Mittelalters und der Neuzeit* übergibt.

Wir können diese Aufzählung noch ein ganzes Stück weiter fortsetzen: die *Byzantinische Archäologie* widmet sich der Erforschung der spätantiken und byzantinischen Zeit, die *Biblische Archäologie* der materiellen Kultur des Heiligen Landes. Es gibt eine *Provinzialrömische Archäologie*, die die Hinterlassenschaften in den antiken Provinzen des Imperium Romanum studiert und die *Islamische Archäologie. Unterwasser-, Gletscher-* und *Küstenarchäologie, Stadt-, Schlachtfeld-* und *Industriearchäologie, Textil-* sowie *Musikarchäologie* tragen ihre speziellen Forschungsinteressen bereits im Namen. *Siedlungs-* und *Montanarchäologie* erforschen Siedlungsformen, Bergbau und Hüttenwesen. Die *Luftbildarchäologie* befasst sich methodisch mit der Erkundung und Auswertung archäologischer Überreste aus der Luft, die *Geoarchäologie* widmet sich bodenkundlichen Untersuchungen und der Rekonstruktion früherer Landschaften. Die *Experimentelle Archäologie* schließlich setzt sich mit der praktischen Überprüfung archäologischer Interpretationen auseinander.

Epigrafik (Inschriftenkunde), *Numismatik* (Münzkunde) und *Paläografie* (Schriftenlehre) erschließen weitere Quellen. *Anthropologie, Archäozoologie* und *Archäobotanik, Archäoastronomie, Archäometrie* und *Archäoinformatik* schließlich ergänzen die Erforschung der Vergangenheit um weitere naturwissenschaftliche Komponenten.

Diese ausufernd lange Aufzählung zeigt: Die Archäologin von heute ist keine Einzelgängerin, die sich allein in düstere Grabkammern abseilt. Archäologie ist Teamwork, nicht nur zwischen den unterschiedlich spezialisierten Kollegen innerhalb des Faches, sondern auch über Fachgrenzen hinweg. *Interdisziplinäre Forschung* nennt sich das; ein Schlüsselwort, das in keinem ernst gemeinten Antrag auf Fördermittel mehr fehlt. Mit globalen, zeitlich und räumlich weit ausgreifenden Fragestellungen und immer stärkerem, auch naturwissenschaftlichem Fokus hat die moderne Archäologie sich jedenfalls ein gutes Stück von ihren Anfängen als antiquarische Sammelleidenschaft fortbewegt.

Eine (sehr) kurze Geschichte der Archäologie

Schon der neu-babylonische König Nabonid aus dem sechsten Jahrhundert v. Chr. gilt einigen als früher Archäologie-Pionier. Der hatte nämlich die Fundamente älterer, mehr als 1500 Jahre vor seiner eigenen Regierungszeit errichteter Tempel- und Palastanlagen ausgraben, nach Spuren und Skulpturen früherer Zeiten suchen und die so nachgewiesenen Gebäude an ihrem alten Standort rekonstruieren lassen.

Der altägyptische Prinz Chaemwaset betrieb solche Ausgrabungstätigkeiten gar noch früher, im späten zweiten Jahrtausend v. Chr. nämlich. Dieser Sohn von Pharao Ramses II. (der in hellenistischer Zeit noch einmal als Romanheld zu Ehren kam) soll sich ebenfalls der Suche und Wiederherstellung älterer Gräber, Gebäude und Tempel gewidmet haben. Beiden dürfte es dabei allerdings weniger um wissenschaftliche Fragestellungen gegangen sein als viel mehr darum, religiöse Traditionen zu erhalten und eigene Herrschaftsansprüche (beziehungsweise in Chaemwasets Fall: die seines Vaters) zu begründen.

Tatsächlich liegen die Anfänge systematischer Altertumsforschung, wenn man in archäologischen Zeiträumen denkt, so weit dann nämlich doch wieder nicht zurück. Die Faszination für außergewöhnliche Raritäten und eine Menschheitsgeschichte auch jenseits biblischer Schöpfungsmythen hat aus kirchlichen Reliquiensammlungen und königlichen Kuriositätenkabinetten früherer Epochen (in denen fossile Ammoniten, urgeschichtliche Steinbeile und fremdartig-ausgefallener Schmuck ferner Länder und Kulturen ganz selbst-

Schon der altägyptische Prinz Chaemwaset und der neu-babylonische König Nabonid veranlassten Ausgrabungen in Ruinen aus früherer Zeit.

verständlich neben Einhornhörnern und Drachenzähnen präsentiert wurden) im Barock des 16. Jahrhunderts schließlich geordnete »Wunderkammern« entstehen lassen. Dem rationalen Ideal der Aufklärungsbewegung folgend, entwickelten sich aus diesem Interesse im Verlauf des 18. und 19. Jahrhunderts zunehmend wissenschaftliche Fragestellungen und Methoden auch in der Beschäftigung mit den Überresten der Vergangenheit. Aus Kuriositätensammlern und Antiquaren wurden Archäologen. Nicht ganz zufällig fällt diese Entwicklung just mit der Entstehung der europäischen Nationalstaaten zusammen. *Kulturelle Identität* war der gesellschaftliche Kitt, der diese noch jungen Nationen zusammenhalten und die unterschiedlichen Volks- und Bevölkerungsgruppen verbinden sollte. Die Konstruktion einer gemeinsamen Geschichte und Vergangenheit konnte da nur hilfreich sein.

Vor diesem Hintergrund entwickelte sich auch die Archäologie im deutschsprachigen Raum, die sich, vom Zeitgeist beseelt, bemühte ihren Teil zur Suche nach nationalen Symbolen beizutragen. Auf Grundlage archäologischer Funde wurden Kulturen und ganze Völker (re-)konstruiert und als eigene Vorfahren von denen der Nachbarstaaten abgegrenzt, wurden Tongefäße, Stein- und Metallgeräte zu Zeugnissen politischer Gebietsansprüche (um-)gedeutet. Heimatforschung wurde zur populären Beschäftigung bürgerlicher Kreise; in ganz Deutschland tauschte man sich nun in Geschichts- und Altertumsvereinen aus. Gemeinsame Tagungen und Veröffentlichungen führten zunächst zu Popularisierung und Institutionalisierung und schließlich auch Akademisierung der noch jungen archäologischen Forschung.

Aus diesem Samenkorn keimte schließlich, was wir heute als »Archäologie« zusammenfassen – und brachte dabei doch regional recht unterschiedliche Gewächse hervor. Schon die italienische Renaissance hatte sich seit dem 15. Jahrhundert ganz der Wiedergeburt der klassischen Antike verschrieben. Die Wiederentdeckung klassischer Statuen löste eine regelrechte Retro-Welle unter Humanisten und Künstlern jener Zeit aus – antike römische und griechische Architektur, Philosophie, Literatur und Kunst waren wieder angesagt. Das schloss auch, vielleicht sogar ganz besonders, antike Ruinen ein. Da verwundert es wenig, dass ausgerechnet sie eine wichtige Rolle dabei spielten, welche Richtung diese jungen nationalen archäologischen Disziplinen schließlich einschlugen.

So entstand in Italien, Frankreich, Spanien und auch England zunächst eine ganz und gar auf diese klassisch-antiken (vor allem römischen) Überreste fokussierte Archäologie.

Dass mit dem italienischen Historiker Flavio Biondo aus dem 15. Jahrhundert und dem 1717 in Stendal geborenen Bibliothekar und Antiquar Johann Joachim Winckelmann zwei Gelehrte aus ebenjenen beiden Zeitabschnitten, Renaissance und Aufklärung, als Begründer der Klassischen Archäologie gelten, ist deshalb nur konsequent. Insbesondere Winckelmanns vor allem kunsthistorische Auseinandersetzung mit der Antike prägt diese Disziplin bis heute.

Im nördlichen Mitteleuropa hingegen, vor allem in Skandinavien, wo derartig »klassische«

Johann Joachim Winckelmann (1717–1768) gilt als Pionier und (ein) Begründer der wissenschaftlichen Archäologie.

Denkmäler aus naheliegenden historischen Gründen fehlen, da sie jenseits der Grenzen des Römischen Reichs lagen, galt das archäologische Interesse schon früh vor allem Bodendenkmälern und kleinen, gelegentlich auch größeren Funden, die die Erde bei Feld- und Bauarbeiten freigab. Oder bei geplanten Ausgrabungen, wie sie bereits 1588 an einem Großsteingrab bei Roskilde in Schweden durchgeführt wurden. Mit einem 1662 in Uppsala eingerichteten Lehrstuhl für »Vaterländische Altertumskunde« wurde dort gar die erste universitäre Archäologenstelle geschaffen – die tatsächlich bis zum heutigen Tag nicht Opfer von Mittelkürzungen geworden ist.

Es war schließlich der neue Kustos der »Altnordischen Sammlung« des 1819 gerade gegründeten Königlichen Museums in Kopenhagen, der eine wegweisende Beobachtung machte: Beim Ordnen des reichhaltigen Fundmaterials bemerkte nämlich Christian Jürgensen Thomsen, dass stilistisch ähnliche Funde vergleichbarer Form und Verzierung sich in bestimmte Materialgruppen einteilen ließen. Steinbeile waren zusammen mit anderen Steinklingen eingeliefert worden, Bronzedolche und -rasiermesser fanden sich neben anderem Bronzeschmuck, eiserne Waffen besonders oft zusammen mit weiterem Eisengerät. Auf dieser Erkenntnis gründet das sogenannte *Dreiperiodensystem*,

Christian Jürgensen Thomsen (1788–1856) verdanken wir die chronologische Einteilung der europäischen Urgeschichte in Steinzeit, Bronzezeit und Eisenzeit.

nach dem wir noch heute die Ur- und Frühgeschichte in *Steinzeit, Bronzezeit* und *Eisenzeit* einteilen. Eine solche Gliederung streng aufeinanderfolgender technologischer Zeitalter sagt natürlich mehr über den kleinen Ausschnitt erhalten gebliebenen und uns überlieferten Materials aus als über die ganz sicher vielfältigere urgeschichtliche Realität. Aber wie wollte man beispielsweise eine »Holzzeit« auch chronologisch scharf umgrenzen? Und wer weiß schon, ob unsere Epoche nicht dereinst als »Plastikzeit« diesem Schema hinzugefügt würde? Thomsens System jedenfalls machte die junge archäologische Forschung zu einem gesellschaftlichen Ereignis – und bescherte ihm 1864 gar einen kurzen Gastauftritt in Jules Vernes *Reise zum Mittelpunkt der Erde*, in der er die beiden Romanhelden in seinem Museum empfängt.

Die archäologische Forschungsgeschichte ist nicht eben arm an solchen Episoden: Im Gefolge von Napoleons Ägyptenfeldzug im Jahr 1798 dokumentierten Gelehrte die antiken Monumente am Nil und lösten zu Hause eine regelrechte »Ägyptomanie« aus – und eine immer weiter wachsende Nachfrage nach ägyptischen Antiken in Europa. Eine Nachfrage, die von Abenteurern wie Giovanni Battista Belzoni befriedigt wurde. Als Zirkusmuskelprotz »The Great Belzoni« zu Nischenruhm gelangt, war er einer der ersten Europäer, die sich einen Weg in dämmrige Grabtunnel im Tal der Könige und die Chefren-Pyramide in Gizeh bahnten, dabei aber selten mit der gebotenen Umsicht vorgingen und auch Dynamit als adäquates Ausgrabungswerkzeug betrachteten.

Mitte des 19. Jahrhunderts entdeckte Austen Henry Layard bei archäologischen Unternehmungen in Niniveh im heutigen Irak die gut 25 000 Tontafeln umfassende Bibliothek des assyrischen König Aššurbanipal und verschiffte ganze Wagenladungen voll Skulpturen und Reliefs nach London ans British Museum.

Und Heinrich Schliemann, der vielleicht bekannteste Amateurarchäologe jener Zeit, hob im Verlauf seiner Suche nach dem historischen Troja aus den Epen des griechischen Dichters Homer einen gewaltigen Graben quer durch den antiken Siedlungshügel von Hisarlık in der heutigen Türkei aus. Damit konnte er die Bedeutung archäologischer Schichtabfolgen und der ihnen zugeordneten Funde zeigen, räumte allerdings auch wahrscheinlich genau jene homerischen Siedlungsschichten ab, die er eigentlich gesucht hatte. Oder Leonard Woolley, dessen Ausgrabungen der Königsgräber im mesopotamischen Ur zwischen 1922 und 1934 neue Standards in der archäologischen Dokumentationsmethodik setzten, der dem Vernehmen nach aber auch schon einmal einen geladenen Revolver als Hilfsmittel bei der Beschaffung von Grabungsgenehmigungen einsetzte.

Jede archäologische Disziplin könnte hier weitere solcher Geschichten beisteuern. Auch wenn viele davon heute wie Räuberpistolen anmuten, zeigen sie anschaulich den langen, meist ziemlich staubigen Weg hin zu den modernen internationalen Forschungsteams heutiger Tage. Und dass die Geschichte der frühen Archäologie eingebettet ist in einen Wettlauf kolonialer Expansion, der die Welt des 19. Jahrhunderts geprägt hat – und bis heute nachwirkt.

Trotz ihres in die Vergangenheit gerichteten Blicks hat die Archäologie deshalb auch zu aktuellen Debatten einiges beizutragen. Schließlich stehen im Zentrum des Forschungsinteresses nicht allein alte Steine und Scherben, sondern Menschen – die sich in ihren alltäglichen Sorgen und Freuden, ihren Gedanken und Bedürfnissen gar nicht so sehr von uns unterscheiden.

Und wozu soll das gut sein?

»Aber was kannst du später einmal damit machen?« ist eine Frage, die wohl alle Studierenden der Geisteswissenschaften unterschiedlichster Fachrichtungen während ihres Studiums hören. Archäologen immerhin könnten antworten, dass es für sie Betätigungsfelder auch jenseits von Ausgrabung, Hörsaal und Museum gibt – wir arbeiten heute in der Kulturvermittlung, in Wissenschaftsmanagement und Politik, in Verlagen, im Journalismus und vielen weiteren Bereichen.

Interessanter als die Frage nach dem »Was?« erscheint mir daher die nach dem »Warum?«. Warum wenden wir Zeit und Energie auf, um diese Monumente und Ruinen, Scherben und Steine zu untersuchen? Archäologische Forschung versetzt uns in die einmalige Situation, menschliches Wirken aus einer extremen Langzeitperspektive heraus zu betrachten. Weit über den individuellen Erfahrungshorizont hinaus, weiter noch, als es historische Schriftquellen vermögen, können wir ganze Jahrtausende gesellschaftlichen Wandels Revue passieren lassen. Während wir so die Menschen hinter all diesen Objekten kennenlernen, beginnen wir, uns als Teil ihrer Gemeinschaft zu begreifen: Seit mindestens 300 000 Jahren ist unsere Spezies, *Homo sapiens*, durch Fossilienfunde in Afrika belegt – und wir sind bis heute dieselben Menschen, die ihren Lebensalltag bestreiten, ihre Kinder großziehen und ihre Toten betrauern. Die mit dem Schicksal hadern, über den Nachbarn lästern und über alberne Scherze lachen.

Zum Beispiel über jene steinzeitlichen, gut 15 000 Jahre alten Abbildungen in der Höhle von La Marche im Westen Frankreichs, wo comichaft-modern wirkende knollennasige Porträtzeichnungen trotz ihres Karikaturencharakters so detailliert scheinen, dass sich die Dargestellten ganz sicher erkannt haben dürften.

Nicht weniger schwer fällt es, sich in die Kinder hineinzuversetzen, die nach einem Regenschauer vor ebenfalls etwa 15 000 Jahren im heutigen New Mexico die Gelegenheit nutzten, ausgelassen in den Schlammpfützen zu planschen, die sich in den Fußabdrücken eines Riesenfaultiers gebildet hat-

Die etwa 15 000 Jahre alten Felsgravuren menschlicher Gesichter aus der Höhle von La Marche in Frankreich wirken geradezu cartoonhaft modern.

ten. Beide, Faultier- und Kinderspuren, sind als Versteinerungen erhalten geblieben.

Wir kennen die Schreibübungen und Kritzeleien altägyptischer Schüler inklusive Hausaufgaben endlos wiederholter Zeichenfolgen, die Tagesberichte eines vor mehr als 4500 Jahren am Bau der ägyptischen Cheopspyramide beteiligten Arbeitstrupps und Runen-Graffiti gelangweilter Wikinger-Leibwächter des byzantinischen Kaisers in Istanbuls Hagia Sophia aus dem 9. Jahrhundert n. Chr. Und der auf einer Tontafel geschriebene blumige Beschwerdebrief eines gewissen Nanni an den babylonischen Großhändler Ea-nasir, der ihm offenbar minderwertiges Kupfer verkauft hatte, hat es auch 3700 Jahre später noch zu beachtlicher Popularität als Internet-Meme gebracht. Diese und viele weitere Beispiele erscheinen uns zeitlos vertraut: Sie alle illustrieren einen Lebensalltag, der uns die Menschen hinter den historischen Ereignissen und abstrakten Jahreszahlen näher rücken lässt. Menschen, mit denen wir trotz der großen zeitlichen Distanz alltägliche Gemeinsamkeiten und Verwandtschaft entdecken können. Menschen wie wir.

Unsere Technologie mag sich weiterentwickelt haben, intellektuell aber stehen wir heute immer noch vor ganz ähnlichen Herausforderungen wie unsere Vorfahren. Neben den alltäglichen individuellen Problemen und Sorgen, satt und sicher durch den Tag zu kommen, erforderten damals wie heute die Lösung gesellschaftlicher Konflikte und der Umgang mit Naturkatastrophen und sich verändernden Umweltbedingungen Anpassungsfähigkeit und innovative Bewältigungsstrategien. Wenn es uns gelingt, sie mithilfe archäologischer und historischer Quellen nachzuvollziehen, können wir vielleicht von jenen Strategien und Lösungen, die schon in der Vergangenheit nachhaltig erfolgreich waren, auch heute profitieren. Selbst das Wissen um nicht erfolgreiche Lösungen kann uns dabei helfen, Fehlschläge nicht zu wiederholen. Nur wenn wir begreifen, woher wir kommen, können wir auch erkennen, wohin wir gehen. Wesentliches Anliegen der Archäologie ist es daher, diese Vergangenheit besser zu verstehen – und die Rolle, die der Mensch darin spielte.

Dabei geht es der modernen kulturhistorischen archäologischen Forschung insbesondere darum, das gesamte gesellschaftliche Spektrum zu erfassen und eben gerade nicht nur Palastanlagen, Tempel und Fürstengräber auszugraben. Erst die Vielfalt solcher Perspektiven ermöglicht es der Archäologie, die auch selbst ideologisch instrumentalisiert wurde (und wird), falsche und einseitig verzerrte Geschichtsbilder geradezurücken.

VOR DER GRABUNG

Wir folgen keinen Karten
zu verborgenen Schätzen …

Mehr als 200 Jahre wissenschaftliche Forschungsgeschichte, antike Stätten als touristische Attraktionen und reich bestückte Museen weltweit – gibt es da heute überhaupt noch etwas zu finden? Und wie entscheiden Archäologinnen und Archäologen eigentlich, wo es sich zu graben lohnt?

Rufen wir uns noch einmal in Erinnerung, dass seit gut 3,3 Millionen Jahren Menschen auf diesem Planeten gestalterisch tätig sind – einschließlich ausgestorbener Verwandter, denn Homo sapiens mag heute der einzige Vertreter unserer Art auf der Erde sein, die ferne Vergangenheit war da um einiges vielfältiger. Seither wächst die Weltbevölkerung beständig; wir haben uns über die Kontinente ausgebreitet und dabei nicht eben zurückhaltend überall unsere Spuren hinterlassen – die Zahl noch zu entdeckender Funde dürfte auch kommenden Generationen reichlich Studienmaterial bieten.

Doch stapeln sich schon jetzt kistenweise Funde und unzählige Regalmeter Ausgrabungsdokumentation in Museumsdepots und Archiven – eine reine »Fundvermehrung« kann und soll nicht Ziel archäologischer Forschung sein. Viele Überreste und Befunde sind gar im Boden meist besser aufgehoben und würden im Falle einer Ausgrabung aufwendige Restaurierungsmaßnahmen erfordern.

Die Grabanlage des ersten chinesischen Kaisers Qin Shihuangdi aus dem dritten Jahrhundert v. Chr. (genau, der mit den Tonsoldaten) beispielsweise bleibt aus ebenjenem Grund vorerst besser weitestgehend unangetastet. Antike Historiker berichten Sensationelles über die darin nachgebildeten Miniaturlandschaften samt Flüssen aus Quecksilber, einem Edelstein-Sternenhimmel und Sicherheitsmaßnamen in Form selbstschießender Armbrüste (der Filmkollege mit dem Filzhut dürfte interessiert aufgehorcht haben). Wir wissen nicht, wie viel Wahrheit tatsächlich in diesen Beschreibungen steckt, aber allein schon die Erhaltung der fantastisch-farbenfrohen Bemalung der im Umfeld des Grabes freigelegten lebensgroßen Tonfiguren ist eine gewaltige Herausforderung.

Statt also möglichst rasch möglichst viel auszugraben, geht es in der modernen Forschung deshalb vor allem darum, systematisch ganz konkrete, im Vorfeld entwickelte Fragestellungen mithilfe archäologischer Einblicke zu beantworten:

Wo sind neue Erkenntnisse zu Bestattungsritualen jener Zeit zu erwarten, was verrät die Grabarchitektur über verwendete Baumaterialien und -techniken, wer war in die Errichtung solch monumentaler *Mausoleen* involviert? So viel wie nötig, aber so wenig wie möglich auszugraben, ist auch deshalb eine sinnvolle Devise, um zukünftigen Forschenden zu erlauben, das von uns gezeichnete Bild mit neuen Analysemethoden zu hinterfragen und, wo nötig, zu ergänzen.

Wie aber werden Ausgrabungsorte überhaupt ausgewählt? Insbesondere über der Erde sichtbar erhaltene Denkmäler wie Grabhügel oder andere Ruinen weckten schon in früheren Tagen Neugier und Interesse nicht nur von Archäologen. Auch andere Landschaftsmerkmale können gute Anhaltspunkte für menschliche Spuren liefern – die Reste von

Siedlungen wird man sicher eher in Niederungen mit Zugang zu Wasser finden können, Befestigungsanlagen an strategisch günstiger erhöhter Position.

Die Zeiten, in denen Heinrich Schliemann sich mit einer Ausgabe von Homers *Ilias* in der Hand auf die Suche nach dem historischen Troja gemacht hat, die sind längst vorbei. Und waren ehrlich gesagt schon zu Schliemanns Zeiten mehr exzentrische Ausnahme denn wissenschaftliche Methode.

Auf Erkundungstour

Es hatte in der Nacht geregnet, und das nicht zu wenig. Ideal für unser Vorhaben. Die Regenfront ist am Morgen bereits wieder abgezogen, der Himmel aber bleibt bedeckt. Ebenfalls ideal. Denn den ganzen Tag in sengender Sonne über Äcker und Wiesen zu laufen, macht wirklich keinen Spaß. Genau das nämlich hatten wir heute vor – und so finden wir uns, die Stiefel geschnürt, Wasser, Lunchpaket und Sonnencreme im Rucksack, am beginnenden Vormittag auf weiter Flur wieder. Bis zum flachen Horizont reicht der Blick über die frisch abgeernteten Stoppelfelder, sandigen Schollen und eine Lindenallee, die in der Ferne die Landstraße markiert. Es war kein weiter Weg von dem kleinen Gehöft, in dem wir hier im ländlichen Westen Polens Quartier bezogen. Das Auto hatten wir weiter oben am Straßenrand geparkt und die Flurkarte mit den handschriftlichen Eintragungen, die wir noch einmal mit der Umgebung abgeglichen hatten, in der Seitentasche des Rucksacks verstaut.

In der Umgebung waren schon vor längerer Zeit Bestattungen aus der Eisenzeit entdeckt und ausgegraben worden. Ein ganzes Gräberfeld. Aber wo die Menschen gelebt hatten, die hier vor

etwa 2 500 Jahren ihre Verstorbenen zur letzten Ruhe betteten,
das war noch immer unklar. Diesen Siedlungsplätzen hofften wir
nun auf die Spur zu kommen. Irgendwo hier musste sich doch
ein Hinweis darauf finden lassen.
Jeweils etwa eine Armlänge voneinander entfernt laufen des-
halb bald vier Archäologen, zwei mit dem obligatorischen Hut
und einer mit Baseball-Kappe bekleidet, der letzte verweigert
sich jeder Kopfbedeckung, nebeneinander über den Acker – den
Blick konzentriert auf den Boden gerichtet.

An diesem konzentriert gesenkten Blick übrigens sind Archäologinnen und Archäologen in freier Wildbahn stets gut
zu erkennen. Ein Gegenentwurf zu Heinrich Hoffmanns
»Hans-guck-in-die-Luft« sozusagen, um bloß keine womöglich interessante Fundstelle zu verpassen. Solche *Surveys*, so
der aus dem Englischen entlehnte Fachbegriff, stellen im
Grunde die denkbar einfachste Methode archäologischer Erkundung dar. Die etwas technischere deutsche Bezeichnung
Geländebegehung fasst treffend zusammen, worum es dabei
eigentlich geht: Wir begehen ein Gelände, das dabei systematisch nach Funden abgesucht wird.

Dazu wird ein (mitunter tatsächlich mit Schnüren und
Markierungen abgestecktes, häufig auch nur in der Landschaft gedachtes, aber exakt dokumentiertes) Raster über die
zu untersuchende Fläche gelegt. Alle Beteiligten bleiben in
ihren jeweiligen Ackerfurchen, den armlangen Abstand gewissenhaft einhaltend. So können aufgelesene Funde und
andere Beobachtungen sorgfältig verzeichnet werden. Treten beispielsweise Keramikscherben oder Werkzeugreste an
bestimmten Stellen gehäuft auf, könnte das ein Hinweis
auf interessante Fundstellen sein. Eine solche auffällige An-

sammlung alter Scherben kann auf frühere Siedlungsaktivität deuten, Tierknochen können die Reste entsprechender Speiseabfälle oder von Haustieren sein. Oder sind es gar keine Tierknochen, sondern womöglich die Überreste einer früheren Bestattung? Auch über Mauerreste ist schon mancher Kollege gestolpert – was durchaus wörtlich zu verstehen und ein gutes Argument für festes Schuhwerk bei solchen Gelegenheiten ist.

Dass für derlei Unternehmungen abgeerntete und brach liegende Felder für leichteres Vorankommen und Bodenstudium von Vorteil sind, liegt auf der Hand. Auch der Landwirt, der das Feld bestellte, das wir heute begehen, ist diesem Vorhaben gegenüber deutlich aufgeschlossener, nachdem seine Ernte nicht mehr Gefahr läuft, von Archäologenstiefeln zertrampelt zu werden. Und der nächtliche Regen spielte uns ebenfalls in die Karten. Womöglich war durch die Schauer schon die ein oder andere im Boden verborgene Scherbe freigespült worden. Hatte – wie in unserem Fall – der freundliche Bauer das Feld gar noch gepflügt, erhöhte das die Chance auf Oberflächenfunde um so mehr.

Etwa 40 bis 60 Zentimeter tief greift so ein Pflug in die Erde ein. Das hat dieser für gewöhnlich sehr humus- und gelegentlich auch fundreichen Bodenschicht unmittelbar unter der Ackerkrume die Bezeichnung *Pflughorizont* (manchmal auch »A-Horizont«) eingebracht. Die Funde von dort stellen eine bunte archäologische Mischung dar, denn vom Pflug

aus tiefer gelegenen Schichten nach oben befördert[4], befinden sie sich dort nicht mehr im ursprünglichen Fundzusammenhang, in dem sie einst in den Boden gelangt waren.

Trotzdem können gerade solche Funde unscheinbarer Feuer-
steine, Tonscherben oder korrodierter Metallreste von besonderem wissenschaftlichem Wert sein. Insbesondere dort, wo
bislang nur wenige Fundstellen bekannt sind, tragen sie nämlich ganz wesentlich dazu bei, weiße Flecken auf der archäologischen Landkarte zu füllen. An bereits bekannten Fundplätzen wiederum helfen sie, Grenzen und Ausdehnung beispielsweise von Siedlungen zu ermitteln oder eigentlich
erwartbare, bisher aber noch unbekannte Befunde zu ergänzen – wie die zu einer solchen Siedlung gehörenden Bestat-
tungsplätze (oder umgekehrt, wie in unserem Falle hier).

*Am Nachmittag schauen wir nach einigen Kilometern kon-
zentrierter Ackerwanderung auf das weite Feld und die Ergebnisse unserer Mühen zurück: In den Rucksäcken haben Lunch-
pakete und Wasserflaschen ungezählten Fundtüten voller Kera-*

---

4 Gelegentlich helfen hier auch schon einmal pelzige Kolleginnen und
   Kollegen nach – weshalb der Blick in frische Maulwurfshügel ebenfalls
   lohnt!

mikscherben (einige davon wohl dörflicher Hausrat der letzten 100 Jahre, andere ziemlich sicher älter, manche gar mit Verzierungen!) Platz gemacht. Welche Geschichte dieser Acker tatsächlich zu erzählen hat, wird die spätere Auswertung dieser Funde zeigen. Und wer weiß: Vielleicht initiiert die heutige kleine Wanderung eines nicht allzu fernen Tages gar eine größere Ausgrabung.

Technik, die Archäologen begeistert

Kombiniert mit den Möglichkeiten moderner Technologie können solche Geländebegehungen Ergebnisse liefern, von denen die Kollegen aus den archäologischen Pioniertagen kaum zu träumen gewagt hätten. Dank geophysikalischer Messmethoden endet der nach unten gerichtete Blick nämlich längst nicht mehr an der Erdoberfläche, sondern dringt weit in die Tiefe. Ohne auch nur einen einzigen Spatenstich ist es uns damit heute möglich, im Boden verborgene Strukturen wie Mauern oder verfüllte Gruben, Gräben und weitere Befunde aufzuspüren.

Die Geophysik setzt sich mit den physikalischen Eigenschaften unserer Erde auseinander, erforscht Erdkruste und Erdinneres, aber auch physikalische Prozesse in den Ozeanen und der Atmosphäre. Die so gewonnenen Erkenntnisse kommen bei der Erkundung von Lagerstätten, bei der Suche nach Rohstoffen, zur Baugrunduntersuchung und eben auch in der Archäologie zu praktischer Anwendung. Mit der »Angewandten Geophysik« hat sich derweil sogar ein eigenes, praxisorientiertes Teilgebiet etabliert.

In der archäologischen Geländeerkundung spielen vor allem geomagnetische und geoelektrische Messmethoden eine wichtige Rolle. Sie machen sich dabei zunutze, dass jeder Eingriff in den Boden, jede gebaute Struktur, jedes Objekt in der Erde die physikalischen Eigenschaften ihrer Umgebung verändern. Und zwar messbar verändern.

Archäologische Befunde im Boden haben beispielsweise tatsächlich Auswirkungen auf das Erdmagnetfeld. Große Gruben und Feuerstellen stellen Abweichungen dar, die im Umfeld der betreffenden Funde lokale Anomalien im Magnetfeld entstehen lassen. Je nach Magnetisierung und Lage kann es so zu Verstärkungen oder Abschwächungen im Vergleich zum umliegenden, ungestörten Boden kommen. Das trifft nicht nur auf naheliegend magnetische Objekte wie solche aus Eisen zu, sondern auch auf Gruben, deren Verfüllung meist aus dem Oberboden stammt. Dieser ist besonders nährstoffreich und deshalb auch für Bakterien attraktiv, die mikroskopisch kleine Magnetkristalle ausbilden, mit deren Hilfe sie sich zur Orientierung und Fortbewegung am Erdmagnetfeld ausrichten. Gebrannte Tonobjekte wie Keramik und Ziegel werden durch das Erhitzen der enthaltenen Eisenoxide schwach magnetisch und so, wie auch Öfen, Feuerstellen und Brandschutt, in der *Geomagnetik-Kartierung* sichtbar.

Dafür kommen sogenannte Magnetometer zum Einsatz: Mithilfe paralleler Sonden, die aus jeweils zwei übereinander angeordneten Messsensoren bestehen, erfassen sie die magnetische Feldstärke. Das gleichermaßen auf beide Sensoren wirkende Erdmagnetfeld wird dabei wie ein Hintergundrauschen aufgezeichnet – von dem sich das Signal magnetischer Anomalien im Boden abgrenzen lässt. Alle unmittelbar Beteiligten sollten tunlichst darauf achten, jedes noch so kleine metallische (und damit magnetische) Element an Kleidung oder Körper zu vermeiden, wollen sie die Messung nicht durcheinanderbringen und anschließend wiederholen müssen. Unter Geophysikern hat das schon zu kreativen Lösungen geführt, um allzu locker sitzende Hosen zu vermeiden.

Wenn das Gelände es erlaubt, kann der Messaufbau bequem auf Rädern herumgeschoben werden. Häufig aber übernimmt eine gewandte Kollegin oder ein Kollege die tragbare Variante in ein Gestell montierter Sensoren. Wie im Falle der Geländebegehung wird die zu untersuchende Fläche in ein gleichmäßiges Raster eingeteilt, deren Koordinaten eingemessen und in einem digitalen Plan erfasst werden. So können die Messergebnisse, insbesondere die magnetischen Anomalien, exakt dokumentiert und verortet werden. Dazu werden die (dieses Mal im besten Falle tatsächlich zuvor mit Schnüren abgesteckten) Quadranten dann nacheinander abgeschritten und so mithilfe des Magnetometers ein flächendeckendes Netz aus Messpunkten erzeugt, das schließlich am Computer softwaregestützt aufbereitet und grafisch umgesetzt wird. Je nach Größe der gemessenen Werte, also der Abweichung vom »Hintergrundrauschen« des Erdmagnetfelds, wird dabei jedem Pixel eine bestimmte Helligkeit zugeordnet. Daraus ergeben sich schließlich die für solche *Magnetogramme* charakteristischen Graustufenbilder (verwaschene mal helle, mal dunklere Flecken) – ein Abbild des Untergrunds, das mit fachkundiger Unterstützung der beteiligten Geophysikerinnen interpretiert wird.

Für oberflächennahe Strukturen funktioniert das jedenfalls ausgesprochen gut; mit größerer Tiefe allerdings wird das Bild zunehmend verschwommener, da helfen dann auch keine Experten mehr.

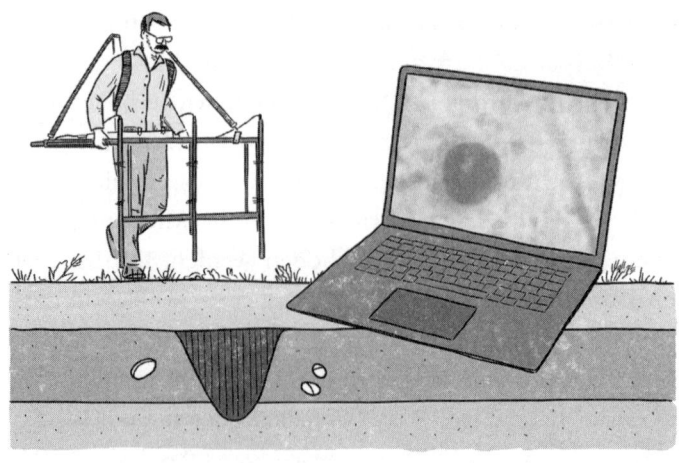

Allerdings können auch natürliche Phänomene und Zäune, Hochspannungsleitungen oder Rohre als Anomalien im Magnetfeld die Ergebnisse stören. Umgekehrt bleiben Befunde, die keinen messbaren magnetischen Kontrast zum umliegenden Boden zeigen, auf diese Weise möglicherweise unentdeckt.

Dann kommen andere Messmethoden zum Einsatz, um Lücken zu schließen und das Bild zu vervollständigen. Dank größerer Eindringtiefe könnten beispielsweise *geoseismische* Messungen helfen, das Innere eines mächtigen Grabhügels zu erkunden. Dafür wird, ausgelöst etwa durch Hammerschläge oder ein Fallgewicht, ein seismischer Impuls in den Boden gesandt. Die Ausbreitung dieser Wellen durch den Hügel kann dann mit Schwingungsmessern, sogenannten Geophonen, oder Seismografen erfasst werden. Je nach Entfernung vom Ausgangspunkt des Signals und den Sedimenten und Gesteinen, die die seismischen Wellen dabei durchdringen müssen, benötigen sie (beziehungsweise deren

Echo) unterschiedlich lang für ihren Weg. Aus diesen materialabhängigen Laufzeiten lassen sich Rückschlüsse auf die Beschaffenheit des Untergrunds ableiten – und Anomalien wie Grabkammern oder andere Hohlräume und Einbauten identifizieren.

Weil sich auch der elektrische Widerstand im Boden bei Eingriffen verändert, können wir mit dessen Messung ebenfalls mögliche Anomalien kartieren. Bestimmt wird er insbesondere durch den Wassergehalt, feuchte Böden haben einen wesentlich geringeren Widerstand als trockene. Verfüllte Hohlräume und Mauerreste lassen sich so aufgrund ihrer höheren Widerstandswerte sehr gut nachweisen, was die Zahl bekannter römischer Villen in Süddeutschland deutlich erhöht hat. Auch bei Untersuchungen sogenannter Eiskurgane, den Hügelbestattungen skythischer Reiternomaden aus dem fünften bis dritten Jahrhundert v. Chr., erwies sich die geoelektrische Prospektion als nützlich: Mit ihrer Hilfe konnten im Permafrost des Altai-Gebirges zwischen Mongolei, China und Russland die Eislinsen lokalisiert werden, die sich in den Grabkammern gebildet und alles darin, Holzeinbauten, Goldbeigaben, Filz- und Seidengewänder bis hin zu den tätowierten Mumien der verstorbenen Skythenkrieger selbst, tiefgefroren konserviert hatten.

Bei der *Gleichstrom-Geoelektrik* wird, vereinfacht gesagt, im Boden nahe der Oberfläche mithilfe zweier Elektroden ein künstliches elektrisches Feld erzeugt. Der dann mit zwei weiteren Sonden an der Erdoberfläche bestimmte elektrische Widerstand erlaubt Rückschlüsse auf die Zusammensetzung und Beschaffenheit der Erdschichten im untersuchten Bereich. Für die Kartierung des Widerstands in der Fläche bei gleichbleibender Tiefe bleibt die Elektroden-Sonden-Anordnung unverändert und wird lediglich von Messpunkt zu Messpunkt versetzt. Aus den ermittelten Widerstandswerten lässt sich ein Kartenbild errechnen, das einen recht guten Eindruck von der Situation unter der Oberfläche vermittelt. Verändern wir allerdings die Abstände der Sonden zueinander, können wir damit auch die Messtiefe variieren – und so Schritt für Schritt den Schichtaufbau des Bodens unter dem erkundeten Punkt sondieren.

Spannend wird es, wenn wir mit einer Vielzahl von Sonden entlang einer Messlinie an besonders interessant scheinenden Stellen Sondierung und Kartierung kombinieren: Mit einem solchen *tomografischen Messverfahren* nämlich kann ein dreidimensionales Bild von Strukturen im Untergrund erstellt werden. Vorausgesetzt, das Wetter spielt mit. Denn eine Veränderung der Feuchtigkeit im Boden wirkt sich unmittelbar auf den elektrischen Widerstand und damit auch unsere Messergebnisse aus. Aber wer will schon bei Regen übers Feld laufen?

Die genaue oder wenigstens ungefähre Tiefe der auf diese Weise entdeckten Befunde interessiert uns Archäologen naturgemäß ganz besonders. Zum einen mag eine höher oder tiefer gelegene Anomalie schon darauf hindeuten, worum es sich dabei handeln könnte – ein Brunnenschacht beispielsweise reicht meist deutlich tiefer als eine Abfallgrube, ein Verteidigungsgraben sollte wohl mächtiger ausfallen als einer zur Entwässerung. Zum anderen ist diese Frage für den zu planenden Aufwand einer möglichen Ausgrabung wichtig.

Um präzisere Tiefenangaben zu ermitteln, bietet sich darüber hinaus ein weiteres Verfahren an, das die bisher skizzierten sinnvoll ergänzen kann: das *Boden-* oder *Georadar*.

Wie es sich für ein Verfahren mit dem Wort »Radar« im Namen gehört, arbeitet das nach seiner englischen Bezeichnung oft auch einfach nur GPR abgekürzte *Ground Penetrating Radar* nach dem Echo-Prinzip. Dafür wird eine Anordnung aus Sende- und Empfangsantennen in einem zwei- oder vierrädrigen kastenförmigen Gerät montiert (mich erinnert das immer ein wenig an einen altmodischen Rasenmäher).

Entlang des bereits bekannten Messrasters über den Boden geführt, sendet es elektromagnetische Impulse in den Untergrund. Dort breiten auch sie sich als Wellen aus und werden in den verschiedenen Sedimentschichten, an Schichtgrenzen, von Steinen und anderen Objekten unterschiedlich stark reflektiert, gebeugt und gestreut. Je nach Bodenbeschaffenheit kommt ein Echo unterschiedlich schnell zurück – und wird von den Empfangsantennen als *Radargramm* aufgezeichnet.

So entsteht das Abbild eines senkrechten Schnitts durch die sich entlang dieser Messlinie überlagernden Schichten im Boden. Dieser Vorgang wird fleißig wiederholt und Messlinie neben Messlinie neben Messlinie dokumentiert. Das Bodenradar verrät uns damit nicht nur, an welcher Stelle womöglich mit spannenden Befunden zu rechnen ist, sondern eben auch, in welcher Tiefe wir sie antreffen würden. Geophysikerinnen und Geophysiker können aus diesen nebeneinander aufgezeichneten Radargrammen sogenannte Zeitscheiben errechnen: waagerechte Schnitte durch die gesamte gemessene Fläche in bestimmten Tiefenstufen. Das ist dann tatsächlich beinahe so, als blättere man einem Katalog gleich durch den Untergrund und schaue mal hier, mal da nach interessanten Strukturen und Objekten.

Wie gut man diese letztlich erkennt, hängt auch vom Materialkontrast im Vergleich zur Umgebung ab. Metallgegenstände sind ausgesprochen gut auszumachen, überlagern ihrerseits allerdings auch alle anderen darunter- oder dahinterliegenden Befunde. Verfüllungen, Geröll und Schutt hingegen streuen deutlich stärker und können sich als Störungen bemerkbar machen, die dann von den eigentlich interessanten Befunden zu unterscheiden sind.

Für alle hier vorgestellten geophysikalischen Prospektionsmethoden gilt, dass Form und Umriss der auffälligen Strukturen im Geomagnetik-, Elektrik- oder Radarbild schon einen guten Hinweis darauf geben, ob es sich um archäologisch relevante Befunde handeln könnte. Rechte Winkel und lange Geraden kommen in der Natur ausgesprochen selten vor und sprechen ebenso wie kreisrunde Flächen dafür, dass hier der Mensch seine Hand im Spiel hatte. Sogenannte Lesefunde, also aufgelesene Dinge an der Oberfläche wie Keramikscherben und Stein- oder Metallgerät, und hier schließt sich nun also der Kreis zur eingangs beschriebenen Geländebegehung, erleichtern vor Ort die Einordnung und Einschätzung dieser Fundplätze – und das weitere praktische wissenschaftliche Vorgehen: Grabung oder nicht?

Der Blick von oben

Manchmal steht man auf weitem Feld aber auch bereits inmitten einer archäologischen Fundsituation, ohne es überhaupt zu bemerken. Aus der Höhe betrachtet verraten allerdings kleine Details wie Schatten, die zuvor kaum aufgefallen wären, was aus nächster Nähe unsichtbar ist. Je tiefer die Sonne steht, desto länger und einfacher auszumachen sind die Schatten – weswegen sich dafür vor allem die Morgen- und Abendstunden anbieten. Manchmal genügt da auch schon ein kleiner Hügel nebenan, um die Perspektive zu ändern.

Für einen noch besseren Überblick kommen aber erneut technische Hilfsmittel zum Einsatz, um archäologische Überreste auch aus der Luft zu erkunden. Die Geschichte der *Luftbildarchäologie* ist so eng mit der Entwicklung der Luftfahrt verbunden, dass sich beide parallel erzählen lassen. Seit sich tollkühne Pilotinnen und Piloten mit unterschiedlichsten Fluggeräten in die Luft erheben, eröffnet sich ihnen aus der Vogelperspektive ein völlig neuer Blick auf die Landschaft. Als erste archäologische Stätte, die auch fotografisch im Luftbild dokumentiert wurde, gilt übrigens die Steinkreisanlage von Stonehenge. Bereits 1906 machte der britische Leutnant Philip Henry Sharpe während einer militärischen Übung diese Aufnahmen. Sein Ballon diente eigentlich der Aufklärung und war mit einem dicken Stahlseil ganz in der Nähe des archäologischen Monuments festgemacht. Vielleicht wurde er vom Wind genau in dessen Richtung abgetrieben, vielleicht war es aber auch eine gute Gelegenheit, um mit der neuen Kamera an Bord ein paar Probeaufnahmen zu machen. In jedem Fall schrieb Sharpe damit Forschungsgeschichte.

Beschleunigter technologischer Fortschritt in Kriegszeiten, eine Flugzeugproduktion im industriellen Maßstab und der großflächige Einsatz von (auch fotografischer) Luftaufklärung während des Ersten Weltkriegs bereiteten schließlich auch der zivilen Lufterkundung den Weg. Es ist kein Zufall, dass mit Osbert Crawford ausgerechnet ein Archäologe, der noch 1917 dem Royal Flying Corps als Luftbeobachter zugeteilt war, als (ein) Begründer der wissenschaftlichen Luftbildarchäologie gilt.

Diese Methode macht sich einerseits den bereits erwähnten manchmal nur subtilen Schattenwurf kleiner Höhenunterschiede zunutze und andererseits ein weiteres natürliches Phänomen, das auf frühere Bodeneingriffe hinweist: Bewuchsmerkmale. Unter der Erde verborgene Mauerreste und andere menschliche Hinterlassenschaften wirken sich nämlich auch auf das Wachstum von Pflanzen aus. Je dichter sie sich unter der Oberfläche befinden, desto deutlicher ist ihr Einfluss auf die Vegetation darüber. Sichtlich trockenere Pflanzen in ansonsten üppigen Getreidefeldern oder ausgedehnten grünen Wiesen deuten auf eine ungenügende Nährstoffversorgung hin – weil hier die Wurzeln nicht so tief reichen wie die der benachbarten Pflanzen. Das könnte auf Mauern oder Fundamente hinweisen. Umgekehrt speichern im Laufe der Zeit mit loser Erde verfüllte Gräben und Gruben Feuchtigkeit besser als der festere Boden der Umgebung.

Sie trocknen nach Regenfällen sichtbar langsamer, und Schnee schmilzt an diesen Stellen schneller. Dort wachsende Pflanzen wurzeln tiefer, werden besser mit Nährstoffen versorgt und gedeihen kräftiger. Vor allem in besonders trockenen Sommermonaten fallen sie deutlich auf. Verdächtig scharfe und geradlinige Vegetationsunterschiede sind deshalb ein ebenfalls untrügliches Zeichen.

Auf diese Weise können, insbesondere aus der Luft betrachtet, die Grundrisse ganzer Gebäude sichtbar werden. Der damit verbundene logistische und oft auch finanzielle Aufwand, Heißluftballon, Flugzeug oder Hubschrauber (idealerweise inklusive Pilot) für einen solchen Überflug zu organisieren, ist jedoch nicht zu unterschätzen. Auch unter Archäologen erfreuen sich deshalb inzwischen jene kleinen mit Kameras ausgestatteten Multicopter wachsender Beliebtheit, die wir umgangssprachlich oft als »Drohnen« bezeichnen. In manchen Arbeitsgebieten, vor allem Regionen mit militärischer Konfliktvergangenheit, weckt dieser Begriff allerdings nicht immer gute Assoziationen, weshalb wir lieber von UAVs (Unmanned Aerial Vehicles: unbemannte Luftfahrzeuge) oder eben Multicoptern sprechen.

Gerade in der Vorbereitung und Begleitung von Prospektion und Dokumentation im Gelände sind diese »fliegenden Augen« mit ihren sirrenden Servomotoren in der Tat nützliche Hilfsmittel. Sie sind in der Anschaffung vergleichsweise günstig, mobil schnell einsetzbar und in der Bedienung, normalerweise, leicht erlernbar.[5] Verglichen mit den aufwen-

---

5   Weniger talentierte Piloten, den Verfasser eingeschlossen, sollen allerdings bereits unfreiwillig das örtliche Grünflächenamt beim Baumschnitt unterstützt haben.

digeren großen Befliegungen bieten UAVs noch einen weiteren Vorteil: nämlich den schon im Voraus exakt planbaren, punktgenauen Einsatz. Während Flugzeug und Hubschrauber in kürzerer Zeit und größerer Höhe deutlich mehr Fläche abdecken können, eignen sich die ferngesteuerten Multicopter besonders gut für Erkundung und Dokumentation kleinerer Areale aus geringerer Höhe – was sich durchaus auf den Detailgrad der Beobachtungen auswirkt.

Unabhängig von dieser Auflösung können und sollten diese Beobachtungen freilich auch durch eine Begehung im Gelände oder weitere geophysikalische Untersuchungen überprüft und verfeinert werden. Besser vorbereitet kann man beinahe gar nicht in eine Ausgrabung gehen. Das haben nicht zuletzt, um bei unserem Eingangsbeispiel zu bleiben, die umfassenden Untersuchungen in der Landschaft rund um die Anlage von Stonehenge gezeigt: Dort sind dank moderner Erkundungsmethoden Hunderte weiterer im Boden verborgene Strukturen und bisher unbekannte Monumente entdeckt worden. Diese Erdwerke, Einfriedungen, Palisadengräben, Gruben und Grabhügel nehmen zum Teil deutlich Bezug aufeinander. Hier scheint vor vier- bis fünftausend Jahren am Ende der Jungsteinzeit eine regelrechte rituelle Landschaft für Totenkult und Ahnenverehrung angelegt worden zu sein.

Den Wald ohne
Bäume sehen

Doch was hilft der geschickteste Pilot, was nützt die beste Kamera, wenn sich unter deren Blick nur weites Blättermeer ausbreitet, das jeden womöglich noch so gut erhaltenen archäologischen Überrest verbirgt? Sich zu Fuß einen Weg durch oder Überblick im Unterholz zu verschaffen, erfordert ebenso viel Ausdauer wie Entdeckerglück. Tropischer Dschungel oder nördlicher Nadelwald, so leicht lässt sich die Natur nicht unters Blattwerk schauen. Wenn es nur eine Möglichkeit gäbe, all die Vegetation einfach auszublenden ...

Nun, die gibt es! Dank *LiDAR-Technologie* (Light Detection And Ranging, etwa »lichtgestützte Ortung und Entfernungsmessung«), einer weiteren dem Radar verwandten Form zur Abstandsmessung, steht uns selbst im dichtesten Wald ein besonders effektives 3D-Kartierungsverfahren zur Verfügung. Anstelle von Radiowellen wird hier (meist aus der Luft) ein Laserstrahl ausgesandt und das von allen Objekten, Gebäuden, Bäumen, Blättern und Erdoberflächen, auf die er trifft, reflektierte Licht gemessen und aufgezeichnet. Nach dem Laufzeit-Prinzip kann aus Zeit und Entfernung, die das Signal zurückgelegt hat, ein detailliertes digitales Geländemodell errechnet werden.

Dank der hohen Messpunktdichte kann damit selbst das üppigste Blätterdach durchdrungen werden. Denn tatsächlich müssen wir uns hier nicht einen, sondern eine Fülle solcher Lichtimpulse vorstellen, tausendfach in der Sekunde wiederholt. Durch kleine Lücken findet immer irgendein Lasersignal den Weg zum Waldboden und zurück. Im Geländemodell gilt es anschließend, softwaregestützt diejenigen

Punkte herauszufiltern, die Bäume, Blätter und Sträucher repräsentieren – was übrig bleibt, ist das Gelände darunter: der Wald ohne Bäume. So tauchen dann auch Grabhügel, überwucherte Ruinen und andere Überreste wieder aus dem Unterholz auf.

Ganz in luftbildarchäologischer Tradition erlaubt der LiDAR-Einsatz die Abdeckung großer Landschaftsbereiche von Flugzeug oder Hubschrauber aus. Aber auch Multicopter lassen sich längst mit entsprechenden Messgeräten ausstatten – und eröffnen damit individuelle Einsatzmöglichkeiten in kleinerem Maßstab, wenn es beispielsweise darum geht, ganz gezielt bestimmte Flurstücke, Monumente oder Ausgrabungsareale zu erkunden oder im Geländemodell zu dokumentieren.

Der Blick von noch
weiter oben

»Worauf warten Sie noch? Ihnen bleiben 55 Minuten!« Mit diesen Worten komplimentiert uns der Offizier ebenso freundlich wie amüsiert aus seinem Büro. 55 Minuten, in denen wir das felsige Hinterland des Außenpostens irgendwo am Rande der jordanischen Wüste erkunden konnten, bevor die Soldaten ihr Manöver fortsetzen würden.

Der Kommandant dieses Wüstenaußenpostens, ein jovialer Mittfünfziger im lässigen Fliegeroverall mit Top Gun-Patch auf der Brust, hatte sich unser Anliegen am Morgen interessiert angehört: Wir waren hierhergekommen, um nach den archäologischen Spuren früherer Besiedlung in der felsigen Wüste zu suchen. Hinweise darauf, wo solche Überreste zu finden sein könnten, waren von den Kollegen bereits zuvor zusammengetragen worden: Unzählige Stunden hatten sie vor Computerbildschirmen verbracht und ebenso viele Satellitenbilder studiert. Obwohl sich die monotone dunkle Fläche der Basaltwüste auch auf diesen Aufnahmen schier endlos in alle Richtungen zu erstrecken scheint, ist das nächste Detail oft nur einen Mausklick entfernt. Denn in solchen Wüstenlandschaften ändert sich über Jahrhunderte, oft sogar Jahrtausende, nur wenig. Was einmal seinen Platz auf dem staubigen Boden gefunden hat, bleibt meist auch dort.

Diese zwar immer noch aufwendige, aber am heimischen Schreibtisch vergleichsweise bequeme virtuelle Auswertung von Satellitenbildern hatte eine ansehnliche Koordinatenliste ungewöhnlicher und damit interessanter Strukturen inmitten von Geröll und Sand hervorgebracht. Die nun vor Ort näher in Augenschein zu nehmen, war Ziel dieser kleinen internationalen Expedition, zu der auch ich eingeladen worden war. Der Erkundung gingen jedoch unzählige Telefonate voraus. Lag doch eine dieser vielversprechenden Stellen mitten im Übungsgebiet, wie der Kommandant uns auf einer rasch organisierten taktischen Karte verdeutlichte. Archäologie im Sperrgebiet. Bemerkenswert, befand er und wirkte doch wenig überrascht. Geschichten über verborgene Schätze gebe es in der Wüste viele. Wenngleich, schob er lachend hinterher, während er in seinem Tee rührte und uns ebenfalls jedem ein Glas anbot, wir wohl eher keinem mythischen Topf voll Gold nachjagten? Der Tee war stark und süß. Wir stimmten in die Heiterkeit ein: Nein, wir waren nicht an Gold interessiert, sondern an Feuersteinklingen und Basaltmonumenten. Der Kommandant nickte. Eine Stunde könne er uns einräumen, verkündete er mit Blick auf den Tagesflugplan. Noch 55 Minuten nach ausgiebigem Dank und Verabschiedung. 55 Minuten bevor die Soldaten ihr Manöver fortsetzen würden.

Mit den modernen Methoden hochauflösender Fernerkundung, umfangreichen digitalen Archiven und dank schneller Internetverbindung stehen uns nicht nur bei der Prospektion im Feld, sondern auch in Wohn- und Arbeitszimmer äußerst nützliche Werkzeuge zur Verfügung. Wir können heute ganz bequem am Schreibtisch oder vom Sofa aus archäologische Stätten am anderen Ende der Welt besuchen, am Computerbildschirm in antike Anlagen hineinblicken und mithilfe von Satellitenbildern sogar auf dem Mobiltelefon verschüttete Ruinen entdecken. Der Arbeitsaufwand, Quadratmeter für Quadratmeter auf interessant scheinende Hinweise zu überprüfen, bleibt zwar auch dem »armchair explorer« am Bildschirm nicht erspart, die Beschwernisse einer solch virtuellen Expedition halten sich aber in insgesamt erträglichen Grenzen.[6] Und können zu spannenden Ergebnissen führen: wie beispielsweise im Umfeld der altägyptischen Stadt Tanis im nordöstlichen Nildelta mit der (Wieder-)Entdeckung ganzer, seit Jahrtausenden im Wüstensand verborgener Quartiere geschehen.[7]

Je nach Detailgrad des verfügbaren Bildmaterials lassen

---

6   Gerade die zeitaufwendige Auswertung von Satellitenaufnahmen, die formalisierte Überprüfung potentiell interessanter Strukturen hat zuletzt immer wieder auch die Hilfe interessierter Laien in sogenannten Citizen Science-Projekten in Anspruch genommen, von denen das 2016 von der Ägyptologin Sarah Parcak ins Leben gerufene Global-Xplorer-Projekt vielleicht das bekannteste, längst aber nicht einzige seiner Art ist. Auch Anwendungen Künstlicher Intelligenz werden künftig in der Auswertung dieser Bilddaten sicher eine immer größere Rolle spielen.

7   Wem dieser Name irgendwie bekannt vorkommt, mag entweder die Grabungsberichte von Flinders Petrie von 1883 und 1884 gelesen oder den ersten Indiana-Jones-Film *Jäger des verlorenen Schatzes* von 1981 gesehen haben.

sich nämlich selbstverständlich auch Satellitenfotos luftbild-
archäologisch auswerten. Schattenwürfe oder auffällige Vege-
tationsmerkmale können hier ebenso Hinweise auf verborgene Mauern, Gräben und andere Strukturen geben. Selbst
jüngere Bodeneingriffe lassen sich so identifizieren: Vor allem die gezielte Auswertung solcher Aufnahmen hat dazu
beigetragen, das ganze Ausmaß von Plünderung und Zerstörung in jüngeren Krisenregionen und Kriegsgebieten wie
etwa dem Irak, in Afghanistan, Syrien und zuletzt auch der
Ukraine sichtbar zu machen. Deutlich ist auf Satellitenbildern beispielsweise die in kürzester Zeit schockierende Zu-
nahme von Raubgruben im Bereich archäologischer Stätten
wie dem antiken Apamea oder dem bronzezeitlichen Stadt-
staat von Mari im Norden beziehungsweise Osten Syriens
oder die Verheerung in Palmyra und rund um die Zitadelle
von Aleppo auszumachen gewesen. Für die Dokumentation
solcher Eingriffe, aber auch Beobachtung und Überwachung
von Klimawandelfolgen für gefährdete Denkmäler an erosi-
onsgefährdeten Küsten und die rechtzeitige Entwicklung von
Schutzmaßnahmen sind Satellitenaufnahmen inzwischen zu
unentbehrlichen Quellen und Hilfsmitteln geworden.

Dabei erweitern Satelliten jedoch nicht einfach nur den
(Über-)Blick aus der Luft bis ins All und decken noch größere Flächen ab, sondern ergänzen die »klassische« Luftbildarchäologie um zusätzliche Messmethoden. Während sogenannte passive Satelliten die von der Erdoberfläche reflektierte Sonnenstrahlung messen, verfügen aktive Satelliten über
Sensoren, die ihrerseits Radar- und elektromagnetische Wellen aussenden. *Multispektralaufnahmen* solcher Strahlung
(zum Beispiel Licht unterschiedlicher Wellenlänge) erlauben
es, die von Erdboden, Vegetation und menschengemachten

Strukturen zurückgeworfenen Signale zu unterscheiden und auszuwerten. So können diese vor allen Dingen für die Erkundung von Bodenschätzen eingesetzten Verfahren auch auf archäologisch relevante Anomalien und damit auf potenziell interessante Fundstellen hinweisen.

Als wir, begleitet von zwei Soldaten, schließlich jenen Ort in der Wüste erreichen, den wir auf den ausgedruckten Satellitenaufnahmen identifiziert hatten, bleiben uns noch 40 Minuten. Wir springen aus den Geländewagen, lassen den Blick auf der Suche nach archäologischen Strukturen über den Horizont schweifen. Und sollten nicht enttäuscht werden: Bereits zu unseren Füßen finden sich auffällig viele Feuersteinfragmente, die deutliche Bearbeitungsspuren zeigen.
Noch 30 Minuten, da stoßen wir auf eine Reihe etwa knie- bis hüfthoher Steinplatten, aufrecht und in gerader Linie nebeneinanderstehend. Das kann schwerlich ein Zufall sein, das sieht gebaut aus. Anderseits war die im Satellitenbild erkennbare Struktur doch eigentlich deutlich größer. Irgendwo hier.
Noch 20 Minuten. Dort! Zwischen all dem Geröll hatten wir den flachen, lang gestreckten Hügel kaum bemerkt. Aber nun, direkt vor uns, ist er kaum zu übersehen.
15 Minuten, unsere Begleiter werden langsam nervös. Eine niedrige Mauer aus Bruchsteinen zeigt vom Hügel aus in die Landschaft. Genau solche Anlagen kannten wir schon von anderen Stellen hier in der jordanischen Wüste. Rasche Notizen, ein paar Fotos. Keine 10 Minuten mehr, die beiden Soldaten drängen zum Aufbruch. Nur noch ein paar Maßangaben, ein Foto noch. 5 Minuten. War das Flugzeuglärm in der Ferne?

So steht es geschrieben

Heinrich Schliemanns Methode, Homers *Ilias*-Epos wörtlich zu nehmen und die dort beschriebenen Details für die Lokalisierung des historischen Troja heranzuziehen, hat sich aus vielerlei Gründen nicht durchgesetzt. Gemessen an den gut 300 000 Jahren, die Homo sapiens auf diesem Planeten bereits seine Spuren hinterlassen hat, decken schriftliche Quellen eben nur einen verschwindend geringen Bruchteil dieser Zeitspanne ab.

Von wenigen nach wie vor umstrittenen, weil kulturell alleinstehenden Ausnahmen im heutigen China und Südosteuropa abgesehen tauchen die ersten uns bekannten Schriftzeugnisse vor etwa 5 000 Jahren in sumerischer *Keilschrift* in Mesopotamien, der antiken zwischen Euphrat und Tigris gelegenen Region vom Südosten der Türkei über den Nordosten Syriens bis in den Irak und westlichen Iran, auf. Dicht gefolgt von altägyptischen *Hieroglyphen*. In anderen Teilen der Welt, auch im mitteleuropäischen Raum, sind erst deutlich später geschriebene Quellen nachgewiesen. Nicht etwa Poesie, philosophische Reflexion oder persönliche Tagebücher aber gehören zunächst zu diesen ersten Schriftzeugnissen – nein, die Schrift wurde für Verwaltungstexte, politische Verlaut-

Heinrich Schliemann (1822–1890) folgte auf seiner Suche nach den Ruinen Trojas den Schilderungen des antiken Dichters Homer (und den Ideen anderer Forscher) bis in die heutige Türkei.

barungen und religiöse Überlieferungen erfunden. Vorratslisten, Lieferbelege, Schilderungen herausragender Ereignisse, besonderer Orte und Personen sollten für die Nachwelt dokumentiert werden. Den Lebensalltag der Menschen jener Zeit erschließen wir meist viel mehr über die materiellen, archäologischen Quellen.

Das bedeutet keineswegs, eine Konkurrenz zwischen historischem Ereignis und archäologischem Befund heraufzubeschwören. Das Betätigungsfeld der Archäologie hört nicht just in dem Moment auf, in dem plötzlich in größerem Maße schriftliche Quellen verfügbar werden. Im Gegenteil: Die historischen Zeugnisse können uns helfen, den archäologischen Funden einen Kontext zu geben. Beide ergänzen einander, sollten also auch gemeinsam ausgewertet werden. Historische Quellen spiegeln, nicht nur im Schriftbild, sondern auch im übertragenen Sinne die Handschrift ihrer Verfasser wider. Es sind subjektive Zeugnisse, verfasst mit einer bestimmten Absicht. Einer Botschaft. Historische Quellen sind voreingenommen. Deshalb ist der Kontrast mit dem archäologischen Material so spannend, sofern beide durch einen glücklichen Zufall erhalten geblieben sind.

Wir folgen keinen Texten auf der Suche nach verlorenen Stätten, diese Texte aber erlauben es uns, Ausgrabungsergebnisse einzuordnen und zu präzisieren. Befunde zu identifizieren – und womöglich mit historischen Ereignissen oder Persönlichkeiten zu verbinden. So kann eine im sachsen-anhaltinischen Mansfeld ausgegrabene, fraglos interessante Abfallgrube aus dem 14. oder 15. Jahrhundert plötzlich zur Sensation werden, wenn sie sich dank historisch-archäologischer Quellenforschung dem Elternhaus Martin Luthers zuordnen lässt. Dann geben die gefundenen Tierknochen von

Jagdwild und edlem Fisch einen faszinierenden Einblick in die Lebensverhältnisse der Familie des späteren Reformators – und ein paar schlichte Murmeln aus Ton werden zum möglichen Spielzeug des kleinen Martin.

Den Dingen auf den Grund gehen

Was die meisten der bisher vorgestellten Prospektionsmethoden eint, ist ihr flächendeckender Ansatz. Mithilfe von Feldbegehung, Geophysik und -elektrik, in Luftbild und Satellitenaufnahme können wir unterschiedlich große Flächen studieren und dort vor allem nach oberflächennahen archäologischen Spuren suchen. Wollen wir aber wissen, wie es tief darunter aussieht, dort wohin weder Georadar noch Multispektralaufnahmen vordringen können, helfen *Sondierungen* weiter.

Wie durch ein Schlüsselloch erlaubt eine Probebohrung den Blick weit hinein in den Untergrund. Mit mobilem Bohrgerät können Bohrkerne gewonnen und mithilfe von Flaschenzug oder Winde wieder an die Oberfläche befördert werden. Bei weicheren Böden tut es die mit archäologischer Muskelkraft eingeschlagene Bohrstange, andernfalls kommt auch schon einmal ein Motorhammer samt Bohrgestänge zum Einsatz.

Diese Sedimentkerne fallen je nach verwendetem Bohrer und untersuchtem Untergrund unterschiedlich groß aus. Im Durchmesser meist nur wenige Zentimeter mächtig, können sie in der Länge schon einmal mehrere Meter ausmachen. Sicherheitshalber werden sie nach der Bergung erst einmal

vertikal halbiert. Eine Hälfte kommt luftdicht verschlossen in ein Probenarchiv, wie sie heute an großen Museen und anderen Forschungsinstitutionen eingerichtet sind. Wenn künftige Analysemethoden neue Antworten auf neue und alte Fragen ermöglichen, werden die Kolleginnen froh über gut sortierte Archive voll früherer Proben sein.[8] Die andere Hälfte des Bohrkerns kann aber oft auch bereits vor Ort wichtige Fragen beantworten und erlaubt es uns zum Beispiel, die Abfolge der übereinanderliegenden Erdschichten schon einmal in Augenschein zu nehmen.

---

8 Inzwischen ist es beispielsweise möglich, selbst kleinste Spuren in Sedimenten erhaltenen Erbguts nachzuweisen und so Rückschlüsse auf die frühere Anwesenheit von Menschen oder Tieren an manchen Fundstellen zu ziehen, selbst wenn nicht einmal mehr Knochen erhalten geblieben sind – das dürfte auch einige ältere Bodenproben noch einmal sehr interessant machen.

Darin enthaltene Pollen und Pflanzenreste geben Aufschluss über Klima und Vegetation der Region, organische Reste lassen sich unter Umständen naturwissenschaftlich bestimmen und datieren. Auch kleinere archäologische Funde wie Keramikscherben oder Knochenfragmente können sich dazwischen finden und ebenfalls Ansatz für eine Datierung und kulturgeschichtliche Einordnung dieser Sedimentschichten sein.

Mit systematischen Bohrungen können wir archäologische Strukturen in ihrer Lage eingrenzen, Größe und Ausdehnung ein- und so den möglichen Ausgrabungsaufwand abschätzen. Denn bei aller zerstörungsfreien Untersuchungsmethodik, die uns heute zur Verfügung steht – wenn wir klären wollen, ob beispielsweise eine im Magnetbild erkannte Ansammlung von Metallgegenständen oder ein im Bohrkern entdecktes Knochenfragment aus einer Bestattung stammen oder einen anderen Hintergrund haben, kommen wir um eine Ausgrabung nicht herum.

Das kann zunächst auch erst einmal eine kleinräumige *Sondagegrabung* sein. Im Vergleich zu unseren Schlüssellochbohrungen können wir damit immerhin schon einmal durch die geöffnete Tür spähen. An ausgewählten, durch vorherige Erkundungen festgelegten Stellen wird dann erst auf nur kleiner Fläche ausgegraben. Diese Minimaleingriffe geben Auskunft über Fundschichten und Schichtgrenzen und können, wenn auch begrenzt, einen Eindruck davon vermitteln, wie der Boden aufgebaut und mit welchen Funden in einer größeren Grabung zu rechnen ist. Wobei »minimal« hier relativ ist – der wohl bekannteste solcher Suchschnitte dürfte vermutlich der Schliemann-Graben durch den Hügel von Troja sein. Heute würden jedoch sicher die wenigsten Kolleginnen einen 40 Meter langen, 20 Meter breiten und zuletzt gut 17 Meter tiefen Grabungsschnitt noch als »Sondage« bezeichnen.

Nicht immer aber finden wir Archäologen die Befunde und Funde – manchmal finden auch sie uns. Die Mehrheit archäologischer Ausgrabungen und Bodenuntersuchungen nämlich ist nicht etwa Teil langfristig geplanter Forschungsgrabungen, sondern viel eher einer *Rettungsgrabung*. Solche Einsätze werden in der Folge anderer Bodeneingriffe notwendig, meistens im Rahmen von Bauarbeiten, um dort Bodendenkmäler vor ihrer möglichen Zerstörung zu dokumentieren und Funde zu bergen.

Ein geradezu spektakuläres Bild bot sich beispielsweise den Kollegen und Kolleginnen hier in Berlin (wo bekanntermaßen immer gebaut wird), als bei Bauarbeiten am Molkenmarkt im Stadtzentrum neben historischen Fundamenten und Kellern auch die womöglich bis dato älteste Straße der Stadt freigelegt wurde: Unter einer luftdichten Torfschicht hatten sich die Eichen-, Kiefern- und Birkenstämme eines gut 50 Meter langen und sechs Meter breiten Holzbohlendamms aus dem 13. Jahrhundert erhalten,[9] auf dem die Ur-Berliner die damals noch recht sumpfige Landschaft trockenen Fußes überqueren konnten.

---

9 Und zwar geradezu sensationell gut erhalten! Als Berliner kenne ich deutlich jüngere Straßen in dieser Stadt in deutlich schlechterem Zustand.

AUF DER
GRABUNG

Feldarbeit

Als grundlegende Methode archäologischer Quellenbeschaffung kommt der Ausgrabung besondere Bedeutung zu. Grundsätzlich sind Bodendenkmäler aus konservatorischer Sicht zunächst allerdings tatsächlich nirgends besser aufgehoben und geschützt als eben dort: im Boden. Unser wachsender Platz-, Ressourcen- und Rohstoffbedarf, der Bau neuer Häuser und Straßen, aber auch Folgen von Umweltveränderung und Klimawandel wie Erosion, tauende Permafrostböden und steigende Meeresspiegel allerdings verkleinern diese Schutzräume zusehends. Und dann gibt es natürlich auch noch uns Archäologen, die wir, auf neue Erkenntnisse hoffend, einige dieser Denkmäler freilegen und gründlich untersuchen wollen.

Jede Ausgrabung ist ein, wenn auch kontrollierter, so doch zerstörender Eingriff in den Boden. Schutz und Erhalt dieser archäologischen Quellen müssen deshalb trotz allen wissenschaftlichen Interesses immer im Vordergrund stehen. Wir graben gerade so viel aus, wie nötig ist, um ganz konkrete Fragen zu beantworten. Zugleich wollen wir so viel wie möglich von diesem archäologischen Erbe auch für künftige Generationen von Forschenden bewahren. Denn wer kann heute schon sagen, welche neuen Untersuchungsmethoden ihnen morgen zur Verfügung stehen werden, welche neuen Fragen sie an diese Funde und Befunde stellen, welche neuen Antworten sie ihnen entlocken können?

Aber gleich ein ganzes Kapitel übers Graben? Wie schwer kann das sein? In den gut sortierten Schuppen hiesiger Kleingärten sollte sich doch zahlreiches Gerät finden, das auch auf einer archäologischen Ausgrabung gut zum Einsatz kommen könnte. Die Werkzeuge dürften passionierten Kleingärtnerinnen tatsächlich recht vertraut sein, der Teufel steckt hier viel mehr im methodischen Detail. Dabei macht es zunächst keinen Unterschied, ob es sich nun um eine Forschungs- oder eine sogenannte Rettungsgrabung handelt. Allenfalls der Zeitplan ist hier ein anderer.

Während von Universitäten, Museen oder anderen wissenschaftlichen Einrichtungen durchgeführte Forschungsgrabungen Teil lang geplanter Projekte sind, oft auch über Jahre hinweg, finden Rettungsgraben nicht selten in einem deutlich engeren zeitlichen Rahmen statt. Bei Baumaßnahmen an bereits bekannten oder wenigstens vermuteten Fundstellen müssen Bauverantwortliche und zuständige Behörden im Vorfeld entsprechende Untersuchungen bereits einplanen. Hektischer geht es allerdings zu, gilt es archäologische Befunde zu dokumentieren, die plötzlich während bereits laufender Arbeiten zutage treten. Dann sprechen wir auch von *Notgrabungen*, bei denen es darum geht, von Zerstörung bedrohte oder im schlimmsten Falle gar bereits gestörte Fundstellen, so schnell und gründlich es unter diesen Umständen eben möglich ist, zu sichern und zu dokumentieren.

In der Bundesrepublik ist Denkmalpflege Ländersache. Für solche baubegleitenden Untersuchungen und Ausgrabungen sind also die jeweiligen Landesdenkmalämter und deren Mitarbeiter zuständig; in einigen Bundesländern beauftragen die Behörden dafür auch privatwirtschaftliche Grabungsfirmen. Für die Archäologinnen und Archäologen kann das dann schon einmal bedeuten, vorsichtig zwischen Bagger und Kipplaster zu agieren. Vorsichtig, aber zügig –

denn die fachgerechte Ausgrabung braucht Zeit und unterbricht oder verzögert nicht selten die eng geplanten Abläufe auf einer Baustelle.

Und Zeit ist Geld: In den meisten Bundesländern gilt das sogenannte Verursacherprinzip. Wessen Bautätigkeit dort eine archäologische Fundstelle stört, muss also auch für die zu deren Untersuchung und Dokumentation anfallenden Kosten tragen – sofern die, so hat der Gesetzgeber festgelegt, Bauprojekt beziehungsweise -unternehmen zugemutet werden können. Als zumutbar gelten hier, meinte das Oberverwaltungsgericht Sachsen-Anhalt in einem Referenzurteil aus dem Jahr 2010, bis zu 15 Prozent der veranschlagten Baukosten.[10] Wo dieses Prinzip nicht gilt oder zusätzliche Kosten anfallen, erfolgt die Finanzierung aus öffentlichen Mitteln.

Ebenso bei wissenschaftlichen Forschungsprojekten. Diese Unternehmungen nämlich können von Universitäten, Museen und anderen Forschungseinrichtungen nur zum Teil aus dem eigenen Haushalt finanziert werden. Deshalb bemühen sich Wissenschaftlerinnen und Wissenschaftler auch um die Einwerbung zusätzlicher, sogenannter *Drittmittel*. Das sind Gelder, die von staatlicher Seite, von privaten Stiftungen oder auch (in der Archäologie allerdings seltener) der Industrie für konkrete Forschungsvorhaben zur Verfügung gestellt werden. Mit ausführlichen Projektbeschreibungen und einer detaillierten Aufstellung der damit verbundenen Ausgaben können sich Forschende um solche Mittel bewerben. Weil, wie man sich unschwer wird vorstellen können, viele unterschiedliche Anträge um eine begrenzte Zahl solcher Mittel

---

10 In der Regel liegen die Ausgaben für eine baubegleitende archäologische Ausgrabung aber deutlich darunter.

konkurrieren, entscheiden Expertengremien aus Fachkolleginnen und -kollegen darüber, welche Projekte mit innovativen Methoden neue Erkenntnisse versprechen und deshalb förderungswürdig sind.

Der in Deutschland wichtigste Drittmittelgeber ist die Deutsche Forschungsgemeinschaft (kurz: DFG), deren Förderetat sich aus Steuermitteln von Bund und Ländern zusammensetzt.[11] Auf EU-Ebene stellt beispielsweise der Europäische Forschungsrat (European Research Council, ERC) entsprechende Mittel für Grundlagenforschung zur Verfügung, in den USA die National Science Foundation (NSF). Die Höhe der Investition öffentlicher Gelder in die archäologische Forschung spiegelt, erinnern wir uns an unsere Orchideen, unmittelbar den Grad gesellschaftlichen Interesses an diesen Einblicken in die Vergangenheit und der mit ihnen gewonnenen Erkenntnisse wider.

Während Archäologinnen bei baubegleitenden und Rettungsgrabungen von vornherein im Auftrag der Denkmalämter vor Ort sind, müssen wir für alle anderen archäologischen Untersuchungen zunächst erst einmal die notwendigen Genehmigungen der zuständigen Behörden einholen. Denn wo der Erhalt kulturellen Erbes an erster Stelle steht, braucht es gute Gründe (in diesem Falle: wissenschaftliche Fragestellungen mit Aussicht auf Erkenntniszuwachs) und detaillierte Ausgrabungspläne, um solche Eingriffe zu rechtfertigen. In Kooperation mit Fachkolleginnen und -kolle-

---

11 3,6 Milliarden Euro waren das laut DFG-Jahresbericht im Jahr 2021 – mehr als 31 600 Forschungsprojekte konnten damit unterstützt werden. Auf das DFG-Fachkollegium »Alte Kulturen«, in dem sich auch die archäologischen Fächer finden, entfielen davon 61,3 Millionen Euro.

gen der an solchen gemeinsamen Forschungsprojekten beteiligten Einrichtungen gilt es dann ein Grabungsteam aus Expertinnen, Studierenden, und lokalen Arbeitskräften zusammenzustellen. In einigen Regionen, auch hier in Mitteleuropa, ist es angeraten, spätestens dann den Munitionsbergungsdienst einzubeziehen, um den Ort der geplanten Ausgrabung zunächst auf ein gefährlicheres Erbe der nicht ganz so fernen Vergangenheit hin zu überprüfen ...

Wir hatten die Ausgrabungsflächen eingemessen und planmäßig abgesteckt. Motiviert stand ein ganzes Seminar Studierender für die Ausgrabung im brandenburgischen Oderbruch bereit: Nach langer Vorbereitung wollten wir endlich damit beginnen, Grasnarbe und Humusschicht abzutragen. Zahlreiche Oberflächenfunde in diesen von idyllischen Feldern und Wildblumen gesäumten grünen Hügeln (die andernorts wahrscheinlich als Maulwurfshaufen belächelt worden wären, hier aber als »Höhen« durchgingen) machten uns Hoffnung, ebendort die Spuren einer bronzezeitlichen Siedlung entdecken zu können.

Noch aber sind zwei Mitarbeiter in den grünen Overalls des Kampfmittelbeseitigungsdienstes damit beschäftigt, die geplanten Grabungsflächen nach Munitions- und Sprengstoffresten zu durchkämmen. Und das nicht ohne Grund: Im April 1945 hatte in genau diesen Höhen eine der entscheidenden und größten Schlachten des Zweiten Weltkriegs stattgefunden. Die heftigen Kämpfe forderten Zehntausende Menschenleben; im Verlauf von kaum drei Tagen entluden Tausende schwerer Sturmgeschütze, Panzer und Fliegerverbände tonnenweise Bomben und Granaten über diesen Wiesen. Ein verheerendes Inferno.

Nicht alle diese Sprengkörper aber entfesselten ihre tödliche Wucht. Verborgen in Wald und Unterholz, in Wiesen und im

Boden überdauerten sie das Ende des Krieges. Wurden vergessen.
Doch auch wenn inzwischen längst Gras über sie gewachsen
war, hatten diese Blindgänger nichts von ihrer Zerstörungskraft
verloren. Im Gegenteil: Mit rostenden Hüllen und empfindlichen
Zündern waren sie zu Zeitbomben geworden. Genau hier, wo
sich mehr als 3 000 Jahre zuvor vermutlich eine bronzezeitliche
Siedlung befand, hatten sich Granaten und Geschosse in die Tiefe
gebohrt.

Immerhin, am Nachmittag geben die Männer in den grünen
Overalls erst einmal Entwarnung: Für unsere eng umgrenzt
geplanten Grabungsflächen hatten sie diese Gefahr wohl ge-
bannt. Am kommenden Morgen würden wir also endlich mit
Spaten und Spitzkelle in den Boden vordringen können. Dabei
aber ganz sicher trotzdem bei jedem Klirren von Metall auf
Metall vorsichtig innhalten und lieber zwei Mal nachschauen.

Das planmäßige Einmessen und Vorbereiten der Grabungsflächen ist Voraussetzung jeder erfolgreichen Ausgrabungsdokumentation, denn nur so kann die genaue Verortung der
im Grabungsverlauf gemachten Funde ge-
lingen. Dafür wird vor dem eigentlichen
Beginn der Arbeiten ein lokales Messnetz
eingerichtet und ein Koordinatensystem
über die gesamte Ausgrabungsfläche
gelegt. Es erlaubt uns, jeden Punkt
innerhalb der Grabung eindeutig
zuzuordnen. Das geschieht mittels
moderner Vermessungstechnik
ganz routiniert, meist kommt
eine *Totalstation* zum Einsatz,
ein elektronisches *Tachymeter*

zur automatisierten Messung und Berechnung von Entfernungen, Richtungen und Winkeln.

Grundsätzlich reichen dafür aber auch ein Nivelliergerät zur Höhenmessung und Maßbänder sowie ein wenig Geometrie. Wer sich immer schon gefragt hat, wofür um alles in der Welt man den Satz des Pythagoras außerhalb des Mathematikunterrichts je noch einmal brauchen würde, findet bei der Einrichtung von Grabungsflächen eine Antwort – denn dort kommt er tatsächlich regelmäßig zum Einsatz, wenn wir Untersuchungsareale mit Holzpflöcken, Nägeln und Schnüren abstecken.

Aller Grabung Anfang:
Eine kleine Gerätekunde

4 Uhr 30. Früh. Zu früh. Es dämmert noch nicht einmal, als wir uns am Morgen im Grabungshaus zum Frühstück versammeln. Einem Frühstück, das zu dieser Tageszeit aus kaum mehr besteht als einem Glas schwarzen Tees, einer Scheibe Weißbrot und einer Handvoll Oliven – eingenommen im Licht einer einzelnen Glühbirne, die den Hof erhellt.

Viel Zeit bleibt ohnehin nicht, denn auch der Arbeitstag beginnt früh. Auf dem Weg zum Tor greift jeder nach Zeichenausrüstung, Messgeräten oder Proviant für den Tag und tritt hinaus in die leeren Gassen der noch schlafenden Altstadt weit im Südosten der Türkei. An deren Ende wartet ein Minibus, um uns – vier deutsche und vier türkische Archäologinnen und Archäologen – auf eine allerdings nur kurze Fahrt mitzunehmen. Hinaus aus der Stadt und hinein in die karge Berglandschaft Nordmesopotamiens. Die letzte Gelegenheit für ein Nickerchen.

Als der Bus schließlich am Fuß des Hügels zum Stehen kommt,
auf dem sich unser steinzeitlicher Ausgrabungsplatz befindet,
hängt der fahle Vollmond noch an einem nur zögerlich von
Schwarz zu Blau wechselnden Himmel. Gruppen von Arbeitern,
gegen die morgendliche Kühle in Wollmäntel und Westen ge-
hüllt, sind nur Minuten vor uns per Traktor aus dem Dorf weiter
unten im Tal angekommen und warten nun darauf, mit den
am Vortag begonnenen Arbeiten fortzufahren. Währenddessen
sortieren wir schon einmal die Werkzeuge, legen Schaufeln und
Spitzkellen, Hacken und Eimer zurecht.

Auch wenn der erste Spatenstich auf einer Ausgrabung schon einmal einer geschickten Baggerführerin und deren Hydraulikbagger überlassen bleiben kann, gehören Spaten und Schaufeln durchaus zum Inventar der meisten archäologischen Grabungseinsätze. Sie kommen in der Regel zuallererst zum Einsatz, wenn wir den Oberboden abtragen. Erweist der sich als gar zu hartnäckig, nehmen wir die große Spitzhacke zur Hand, um sonnengehärteten Lehm, festwurzelnde Grasnarbe oder von schweren Traktorrädern festgefahrene Ackerböden aufzulockern.

Bereits hier stoßen wir gelegentlich auf archäologische Funde. Meistens sind diese allerdings im (wir erinnern uns: bis zu 60 Zentimeter tief reichenden) Pflughorizont ein wenig durcheinandergeraten. Darunter allerdings, sobald sich unter dem Humus die ersten Bodenverfärbungen abzeichnen, wird es richtig spannend. Dann kommt »die Kelle« zum Einsatz. Äußerlich mag sie einer handelsüblichen Maurerkelle gleichen – und im Grunde kann auch jede handelsüblichen Maurerkelle hier gute Dienste leisten. Spezielle archäologische Spitzkellen aber sind meist etwas kleiner und robuster als ihre Kolleginnen aus dem Baumarkt, von denen sie sich außerdem mit einem rautenförmigen Blatt und geschärften Kanten unterscheiden. Dabei muss es mit einer Spitzkelle nicht einmal getan sein. Manche Kollegin bevorzugt eine rechteckige Kelle, andere greifen lieber zur u-förmigen Rund- oder der besonders scharf geschliffenen Zungenkelle.

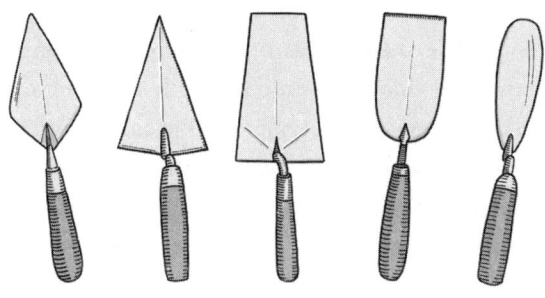

Ich selbst habe mich mit der klassischen spitzen Form angefreundet: Blatt und Griffverbindung sind aus einem einzigen Stück Stahl gefertigt – da kann sich so schnell nichts lösen. Und weil wir uns zusammen schon durch die ein oder andere Lehmschicht gegraben haben, halte ich (wie viele Kolleginnen und Kollegen übrigens)[12] durchaus große Stücke auf sie.

Tatsächlich ist die (Spitz-)Kelle wohl eines der am vielseitigsten einsetzbaren Werkzeuge auf so einer Ausgrabung. Ein

---

12 Archäologinnen und Archäologen können da mitunter schon etwas eigen sein; auch wenn Behauptungen, einige von ihnen würden lieber die eigene Zahnbürste verleihen als die Kelle, wohl doch übertrieben sein dürften.

archäologisches Schweizer Taschenmesser: Mit ihrer Spitze können wir beispielsweise vorsichtig kleinste Holzkohlesplitter auflesen oder einen festsitzenden Stein lösen. Die scharfe Seitenkante wiederum lässt sich wunderbar einsetzen, um den Boden sauber und flächig abzuziehen und lose Erdkrumen sorgfältig zusammenzukehren. Das ist auch notwendig, um die Grabungsfläche ordentlich zu »putzen«. Denn nur so sind die Farbunterschiede archäologischer Befunde im umliegenden Boden auch wirklich gut zu erkennen. Wenn, wie etwa auf Rettungsgrabungen, bei größeren Flächen die Zeit drängt, kann dazu auch schon einmal die Schaufel (die Baggerschaufel gar) zum Einsatz kommen – um das Nachputzen wenigstens der eigentlichen Befunde mit der Kelle kommen wir aber auch hier nicht herum.

Handfeger und Kehrblech benutzen wir, um loses Sediment beiseitezuschaffen oder Mauerreste abzustauben. Nur zum eigentlichen Planumsputz taugt der Besen wenig – wo scharfe Kellen scharfe Farbgrenzen schaffen, würde emsiges Fegen die Befundkonturen verwischen.

So entsteht schließlich das erste sogenannte *Planum* der Grabung, ein künstlicher Horizont innerhalb der ausgegrabenen Fläche. Erst wenn dieser Zustand auch sorgfältig dokumentiert worden ist (wir werden noch einmal darauf zurückkommen, wie genau diese Dokumentation aussieht), nehmen wir die freigelegten Befunde näher in Augenschein – und graben weiter. Vorsichtig und mit passendem Gerät: An die Stelle der großen Spitzhacke tritt nun deren kleine Schwester, die Gartenhacke. Sie ist deutlich handlicher, weswegen wir mit ihr zwar immer noch beherzt, aber viel gezielter den Boden auf kleiner Fläche auflockern können. Für die Feinarbeiten liegt nach wie vor die praktische Kelle bereit, die dort, wo es noch enger wird, ähnlich geformten, aber kleineren Malspachteln oder dem Stukkateureisen mit flacher Spitze und noch schmalerem Blatt den Vortritt lässt. Und wo gar noch mehr Fingerspitzengefühl gefragt ist, beim Freilegen besonders empfindlicher Funde wie zum Beispiel Bestattungen mit erhaltenen Skelett- oder gar Bekleidungsresten oder zerbrechlichen Holzobjekten, oder wenn ein Filmteam nach »atmosphärischen Ausgrabungsbildern« sucht, dann kommt endlich auch der Pinsel ins Spiel.

Ein Spaten allein macht noch keine Grabung, aber auch der Pinsel kann erst nach der Hacke zum Einsatz kommen. Jedes dieser Geräte hat seinen Platz, seine Funktion und einen bestimmten Einsatzzweck. So wie die Ausgrabung selbst als

Teamleistung Ergebnis des Zusammenspiels unterschiedlicher Personen und Tätigkeiten ist, ergänzen sich hier auch die Stärken der jeweiligen Werkzeuge. Jedes für sich genommen vielleicht wenig spektakulär, bilden sie zusammen ein spezialisiertes archäologisches Werkzeugset. Ein Set, mit dessen Hilfe Archäologinnen im weiteren Ausgrabungsverlauf tiefer in Boden und Zeit vordringen, Schicht um Schicht abtragen und Planum um Planum anlegen. Je nach Größe der Fläche und Zahl der Funde und Befunde kann das Bearbeiten eines Planums bei wenigen (Be-)Funden eine Sache von Stunden, bei großen Flächen und vielen Funden aber auch schon einmal eine von Tagen oder Wochen sein.

Ein Zug aus Schaufeln und Eimern, Kopftüchern und Hüten bewegt sich zu den Ausgrabungsflächen hinüber, wo Arbeitsteams nach einem längst etablierten System zusammenfinden: zwei Männer mit handlichen Spitzhacken als Ausgräber, einer, der schaufelt, und zwei weitere, die den Aushub in aus alten Autoreifen gefertigten Körben davontragen. Studentinnen und Studenten greifen zur Kelle, putzen Plana und Profile. Bald schon ist die Luft vom Klingen der Spitzhacken und dem Lachen der Arbeiter erfüllt, deren fliederfarbene Tücher in der Vormittagsbrise flattern. Während Erde umgeschichtet und Steine bewegt, Geröll und Sediment Korb für Korb fortgeschafft werden, kehren grob behauene Steinpfeiler und sorgsam gesetzte Mauern zurück ans Tageslicht, vor dem sie lange verborgen lagen. Für Jahrhunderte. Jahrtausende. Denn die Monumente, die wir und Kolleginnen und Kollegen vor uns seit nun schon fast zwanzig Jahren freilegen, waren vor bald 12 000 Jahren von steinzeitlichen Jägern hier in gemeinschaftlichen Bauprojekten gebaut worden. Immer wieder mussten diese Gruppen zusammengekommen sein und diese Anlagen repariert und neu errichtet haben. Dass sie es sich dabei durchaus auch gut gehen ließen und diese Bauarbeiten mit offenbar großen Festen einhergingen, davon zeugen die Speiseabfälle in Form von Tierknochen, Gazellen und inzwischen ausgestorbenen Auerochsen, die wir ebenfalls in beeindruckenden Mengen im Ausgrabungsverlauf dokumentieren.

So schreiten Tag und Tagewerk voran, die staubige Arbeit nur unterbrochen von einer kurzen Frühstückspause am Vormittag. Kinder aus dem nahen Dorf bringen ihren Vätern, Onkeln und Brüdern einen Imbiss herauf. Auch die Archäologen sind nun deutlich hungriger (und gesprächiger) als noch am frühen Morgen – dieses Frühstück ist reichhaltiger und kommunikativer als die wenigen stummen Bissen im Grabungshaus. Unter den Kolleginnen und Kollegen kreisen die Gespräche um die neuesten Funde in ihren jeweiligen Ausgrabungsflächen, im Kreis der Arbeiter bringen wir uns gegenseitig die Vokabeln für die geteilten Lebensmittel bei: *Fladenbrot und Käse*, domates, salatalık

und zeytin. *Eine halbe Stunde im erholsamen Schatten. Dem einzigen Schatten, den es hier gibt. An die Arbeit in die Ausgrabungsflächen unter freiem Himmel zurückzukehren, heißt auch, sich wieder ins Herz eines Schmelzofens zu begeben. Nur wenig später ist in Staub und Hitze wieder das Klirren von Hacken zu hören, die Erde und Geröll auflockern.*

Graben mit System:
Planum und Profil

Bei Ausgrabungen auf Baustellen oder Rettungsgrabungen wird die Größe der untersuchten Grabungsflächen in der Regel von den dort geplanten oder bereits vorgenommenen Bodeneingriffen und Baugruben diktiert. Diese Fundstellen werden deshalb meist als zusammenhängende Flächen ausgegraben. Bei erwartbar komplexen Befunden wie bei der Freilegung der Grabkammer eines Hügelgrabes oder den Überresten einer ausgedehnten Siedlung werden hingegen einzelne *Grabungsschnitte* angelegt. Die untersuchte Fläche wird so in verschiedene kleinere Abschnitte unterteilt, die dann parallel oder nacheinander ausgegraben werden – beispielsweise dort, wo vorangegangene Sondierungen oder Oberflächenfunde bereits auf mögliche weitere Funde hingewiesen haben.

Insbesondere auf Forschungsgrabungen hat sich außerdem ein System bewährt, das in den 1930er-Jahren vom britischen Archäologenpaar Tessa und Mortimer Wheeler entwickelt und von deren Kollegin Kathleen Kenyon zwanzig Jahre später bei den Ausgrabungen von Tell es-Sultan, einer steinzeitlichen Siedlung in Jericho am Westufer des Jordan,[13] verfeinert wurde: Dafür wird die Untersuchungsfläche schachbrettartig in nebeneinanderliegende Quadrate aufgeteilt. Das erlaubt nicht nur eine systematische Ausgrabung, sondern erleichtert die Dokumentation auch größerer Flächen in einem einheitlichen und leicht erweiterbaren Raster.

Schon der erste Planumsputz unmittelbar unterhalb des Pflughorizonts kann die weitere Grabungsstrategie maßgeblich mitbestimmen. Zeichnen sich hier bereits Strukturen und Funde an der neuen Oberfläche ab? Auffällig angeordnete Steine oder Ziegel beispielsweise[14] könnten auf eine Mauer oder ein Fundament an dieser Stelle hinweisen. Selbst wenn zu diesem Zeitpunkt nur deren Oberkanten sichtbar sind, wird im weiteren Grabungsverlauf (im nächsten und übernächsten *Planum*) zu klären sein, ob sich hier nicht vielleicht doch die Reste eines steinzeitlichen Turms oder mittelalterlichen Gehöfts abzeichnen. Archäologische Befunde und neue Bodenschichten, insbesondere durch menschlichen Einfluss entstandene *Kulturschichten* kündigen sich meistens durch eine Veränderung von Farbe und Festigkeit des Erdreichs, oft auch in der Zusammensetzung des darin enthaltenen Fund-

---

13 Die berühmten Stadtmauern, die der Überlieferung des Alten Testaments in der Bibel zufolge vom Posaunenklang zum Einsturz gebracht worden sein sollen, datieren allerdings etwas später. Über archäologische Fachkreise hinaus bekannt sind die Grabungen Kenyons wegen des von ihr dort entdeckten »Turms von Jericho«, der – über acht Meter hoch und mit einem Durchmesser von mehr als sieben Metern – mit seinen gut 10 000 Jahren immerhin als ältester Turmbau der Welt gilt. Es waren übrigens die Ergebnisse dieser Ausgrabungen, anhand derer Kathleen Kenyon den archäologischen Zeitabschnitt des »Präkeramischen Neolithikums« (also der Jungsteinzeit vor Erfindung der Gefäßkeramik) definierte.
14 »Drei Steine sind eine Mauer.« – alte Archäologenweisheit.

materials an. Das nutzen Archäologinnen, um ebenjenen Horizontgrenzen folgend die unterschiedlichen Befunde und Fundschichten jede für sich nacheinander vollständig abzutragen und zu dokumentieren.

So erkennen wir zum Beispiel unterhalb des rotbraunen Ackerbodens vielleicht die Ascheschicht einer großen früheren Feuerstelle oder die dunkle Verfüllung eines ehemaligen Grabens, der sich so deutlich im umliegenden helleren Erdreich abzeichnet, dass wir seinem Verlauf gut folgen (und ihn gar in eigenen separaten *Zwischenplana* ausgraben) können.

In der Praxis übersetzt sich das in konkrete Arbeitsaufträge wie: »Mit der Spitzkelle die rotbraune Erde so lange ausgraben, bis darunter eine hellgraue Schicht zum Vorschein kommt!« Die so entstehenden Flächen sind naturgemäß alles andere als eben, bilden dafür aber sehr genau Verlauf und Relief der jeweiligen Schichten ab. Diese Ausgrabungsmethode ist mit einem gewissen Arbeitsaufwand verbunden, und sie erfordert einen geschulten Blick sowie einiges an Erfahrung, um Schichtgrenzen auch rechtzeitig zu erkennen und nicht versehentlich zu weit zu graben – vor allem, wenn sich die Unterschiede im Boden nur in vagen Schattierungen abzeichnen, zum Beispiel wenn unser Graben mit ähnlichem Sediment verfüllt ist wie der übrige Boden um ihn herum.

Als methodische Alternative bietet sich an, in künstlichen Horizonten zu graben. Dafür werden unabhängig von der eigentlichen archäologischen Schichtbildung in regelmäßigen Abständen Plana angelegt und als möglichst ebene Fläche, denn nichts anderes bedeutet das Lateinische *planum*, ausgegraben. In diesem Fall lautet der Arbeitsauftrag dann eher: »Und jetzt das Ganze noch einmal einheitlich überall um weitere 15 Zentimeter abtiefen!«, um nach erfolgreicher

Dokumentation des erreichten Zwischenstandes das nächste Planum anzulegen. Um in der anschließenden Auswertung Funde und Befunde dennoch ihren jeweiligen Kulturschichten zuordnen zu können, werden diese in der Fläche markiert, dokumentiert und einzeln ausgegraben. Und so geht das eben weiter, bis die geplante Grabungsgrenze in der Tiefe erreicht ist. Je nachdem, was das Ziel der jeweiligen Untersuchung ist, kann das bedeuten, nach einem bestimmten Befund oder auf Höhe einer bestimmten Schicht innezuhalten. In den meisten Fällen aber wollen wir die Nutzungsgeschichte eines Ortes in ganzer Tiefe verstehen – dann gilt es, so lange Schicht um Schicht auszugraben, bis sich keine Befunde mehr im unberührten Sediment abzeichnen oder der natürliche Felsboden erreicht ist.

Im Ergebnis geben beide Methoden Auskunft über Entstehung und Abfolge der archäologischen Schichten vor Ort. In beiden Fällen bedeutet die Ausgrabung zugleich aber auch die Zerstörung dieser Schichtfolgen. Erhalten bleiben sie uns jedoch in den Wänden der jeweiligen Grabungsareale und -schnitte. Mit dem Spaten sauber und gerade gestochen und ebenfalls mit der Kelle geputzt spiegeln sie als sogenannte *Profile* die in der Fläche abgetragenen Schichten und Befunde wider. Wo jedes Planum einen horizontalen Schnitt durch die Ausgrabung in unterschiedlicher Tiefe abbildet und uns sozusagen erlaubt, die Fläche nach unten »durchzublättern«, stellen diese Profile Schnittansichten in der Senkrechten dar. Sie ordnen den einzelnen Plana die entsprechende Seitenansicht zu. Während wir also im Planum zum Beispiel den Umriss einer Grubenoberfläche ganz gut ausmachen können, erlaubt uns erst der spätere Blick auf das zugehörige Profil, genau zu erkennen, wie tief die ganze Grube eigentlich war, welche Form sie einmal hatte – und durch wie viele Boden-schichten hindurch sie einst gegraben wurde.

Beide zusammen, Planum und Profil, verschaffen uns also eine detaillierte Dar- und Vorstellung der Abfolge von Bodenschichten und Befunden, denen die ausgegrabenen Funde zugeordnet werden können. Das ist deshalb so wichtig, weil sie uns, wie wir noch sehen werden, viele zusätzliche Informationen vermitteln. Das unachtsame Hineinstolpern in ein frisch geputztes Planum oder das unvorsichtige Zertreten empfindlicher Profilkanten (deren Gegenwert, so wird Erstsemestern gelegentlich als Schauergeschichte erzählt, in Feierabendbier kaum aufzuwiegen ist) zählt deshalb auch zu den unangenehmsten Missgeschicken, die einem auf einer Ausgrabung passieren können.

Fundiert: Archäologischer Fund
und Befund

»Nichts ist dauerhafter als ein ordentliches Loch« befand Anfang des 20. Jahrhunderts sehr treffend der deutsche Archäologe Georg Loeschke. So treffend, dass sein Prähistorikerkollege Carl Schuchhardt diese Feststellung – ergänzt um ein »Majestät«, der Etikette wegen – aufgriff, als er Kaiser Wilhelm II.[15] bei einem Vortrag über die Ausgrabungen im Römerlager Haltern[16] 1904 das Phänomen des *Pfostenlochs* erklärte.

Tatsächlich, erzählt uns so ein Loch, können viele solcher Löcher uns davon berichten, wo früher einmal Häuser und Zäune gestanden haben – lange noch nachdem die hölzernen Pfosten, die einst ein Dach getragen oder eine Palisade gestützt haben, verrottet sind: Um ihnen den notwendigen Halt zu geben, sind diese Holzpfähle in den Boden eingegraben worden. Dafür genügte es meist, eine kleine runde Grube auszuheben, den Pfosten hineinzustellen und mit ein paar Steinen zu fixieren. Das Loch wieder zugeschüttet, fertig. Nicht nur die Keilsteine, auf die auch schon einmal verzichtet

---

15 Seine Majestät war übrigens selbst archäologisch publizierend tätig und folgte Schuchhardts Ausführungen dem Vernehmen nach durchaus interessiert.

16 Schon 1816 waren dort bei Recklinghausen erste römische Funde gemacht worden und 1838 stieß ein preußischer Major auf dem Annaberg am Nordufer des Flusses Lippe auf die Reste eines römischen Militärlagers. Ab 1899 schließlich gruben Archäologen, darunter auch Carl Schuchhardt, diese Anlagen aus. Vermutlich wurden die, wie wir inzwischen wissen, insgesamt sechs militärischen Standorte bei Haltern im Zusammenhang mit der Varusschlacht im Jahr neun n. Chr. (auch die soll uns noch einmal beschäftigen) verlassen.

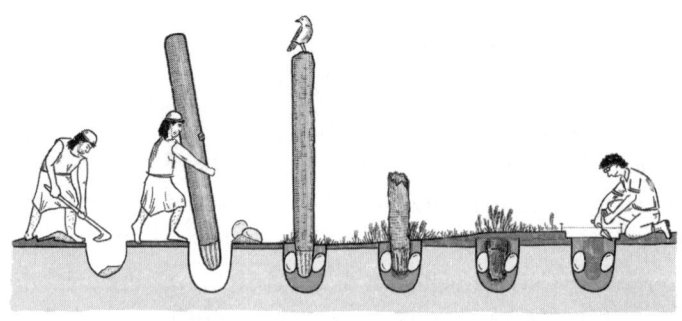

werden konnte, markieren nun auf lange Zeit die Grube im Boden. Auch die durcheinandergeratene und mit Humus vermischt wieder eingefüllte Erde unterscheidet sich vor allem in der Farbe deutlich vom unberührten Boden drum herum – und zeichnet sich im kellengeputzten Planum in der Regel kreisrund an der Oberfläche ab. Der verrottende Holzpfosten trug sein Übriges dazu bei.

Ob nun eingegrabene Häuserpfosten, die natürliche Verwehung von Erdreich und damit auch zurückgelassene Scherben und andere Gegenstände in verlassenen Siedlungen oder angelegte Gräben und Gruben – all dies hinterlässt Spuren, die sich selbst Jahrhunderte und Jahrtausende später als Verfärbungen im Boden abzeichnen können.

Auf archäologischen Ausgrabungen unterscheiden wir solche Verfärbungen und Strukturen, Gruben, Gräben, Mauern und Ähnliches als *Befunde* von beweglichen Objekten, den *Funden*. Das können sogenannte *Artefakte* sein, also von Menschen hergestellte, bearbeitete oder benutzte Gegenstände wie beispielsweise ein zum Hammer umfunktionierter Stein, ein Bronzeschwert oder Muschelschmuck und Keramikgefäße (beziehungsweise viel häufiger: deren Scherbenreste). Aber auch *Geofakte*, die durch natürliche Umstände modifiziert nur auf den ersten Blick bearbeitet scheinen: Eines der spannendsten Objekte aus dieser Kategorie ist vielleicht der sogenannte Makapansgat-Kiesel aus Südafrika. Gerade einmal acht Zentimeter groß, zeigt der rötliche Stein ein natürliches Muster, das an ein menschliches Gesicht erinnert. Das scheint auch einem Australopithecinen, (einem vor etwa 2,5 bis 3 Millionen Jahren lebenden Menschen-

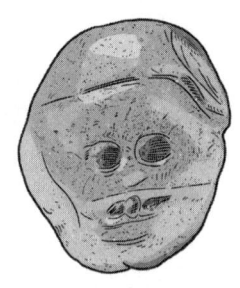

Vor gut 3 Millionen Jahren sammelte offenbar ein Australopithecus im heutigen Südafrika diesen Kiesel auf und nahm ihn mit, vielleicht wegen der Ähnlichkeit mit einem Gesicht?

affen), gefallen zu haben, der den Stein offenbar aufgesammelt und mitgenommen hat.[17]

Überreste von Lebewesen wie Menschen- und Tierknochen, fossile Pflanzenreste und Pollen wiederum werden in Anlehnung an diese Einteilung gelegentlich auch als *Biofakte* bezeichnet. Werden sie an ihrem ursprünglichen Ablageort angetroffen, sprechen Archäologen von *in situ*-Fundsituationen.

Nahezu all diese Funde sind auf die ein oder andere Weise – nicht selten durch menschliches Zutun – in den Boden gelangt und dort erhalten geblieben. Mehr oder weniger jedenfalls. Einst rotgolden glänzende Bronze entwickelt im Laufe der Zeit eine typische braungrüne Patina, Silber läuft

---

17 Und was, wenn nicht das, könnte diese frühen Vorfahren noch menschlicher machen? *Pareidolie* heißt dieses Phänomen, wenn wir in den Wolken, in einer gigantischen Felsformation auf dem Mars oder auf einer Scheibe Toast vermeintliche Gesichter oder vertraute Muster zu erkennen glauben.

dunkel an, Eisen verrostet. Unter den Metallen kann die Zeit allein Gold nur wenig anhaben, wie Funde spektakulärer Goldbeigaben von Warna[18] am Schwarzen Meer in Bulgarien bis hin zum Grab Tutanchamuns eindrucksvoll zeigen.

Organisches Material ist dagegen weit vergänglicher. Wenn nicht gerade besonders gute Bedingungen herrschen wie im Permafrost, in Mooren, in sauerstoffarmer, sehr feuchter oder anhaltend trockener Umgebung, überdauern Holz, Leder und Textilien nur selten die Jahrtausende. Dann allerdings sind sie freilich umso spektakulärere Ausnahmefunde, wie sicher bestätigen wird, wer die Gelegenheit hatte, einen Blick auf die im Eis konservierten, etwa 5300 Jahre alten Leggins, Schuhe, Mantel und Mütze der Gletschermumie vom Hauslabjoch (besser bekannt als »Ötzi«) zu werfen (von deren früherem Besitzer selbst ganz zu schweigen).[19]

Für Objekte, die aus verschiedenen solch unterschiedlich haltbaren Materialien bestehen, kann das bedeuten, dass wir zwar vielleicht die Bronzeklinge eines Schwertes finden, nicht aber dessen hölzernen Griff – oder allenfalls die goldenen Drähte, die ihn einst zierten. Mitunter haben sie aber wenigstens – gerade solche Gegenstände aus Holz (oder anderem organischen Material) – im Boden noch einen Schatten hinterlassen, der auf ihre frühere Existenz hinweist – viele Särge und Textilien in Bestattungen von der Bronzezeit bis

18   Die in einer besonders reichen Bestattung aus der Mitte des fünften Jahrtausends v. Chr., am Übergang von der Stein- zur Bronzezeit, im Gräberfeld von Warna im heutigen Bulgarien gefundenen 990 Goldobjekte werden zu den ältesten verarbeiteten Goldfunden Europas und der Welt gezählt.

19   Wer das nachholen möchte, kann (und sollte) das beim nächsten Bozen-Besuch im Südtiroler Archäologiemuseum tun.

in den Barock beispielsweise sind uns heute nur so überhaupt noch überliefert.

Deuten die Fundumstände darauf hin, dass mehrere Objekte zur gleichen Zeit an einem Ort abgelegt worden sind, wie zum Beispiel die Beigaben in einem solchen Grab, nennen wir das einen *geschlossenen Fund* – sofern die Auffindesituation nicht in der Zwischenzeit von Grabräubern schon einmal gestört wurde und in Unordnung geraten ist. Auch *Deponierungen*, Schatzverstecke oder das Ergebnis von Katastrophen wie der Vulkanausbruch des Vesuv im Jahr 79 n. Chr., der die antike römische Stadt Pompeji (und alles darin) binnen kürzester Zeit unter einer dicken Ascheschicht begrub, können als geschlossene Funde gelten. Wann genau die einzelnen Fundgegenstände hergestellt worden sein mögen, spielt dabei zunächst gar keine Rolle, was zählt, ist in diesem Falle allein der Zeitpunkt der gleichzeitigen Entstehung der Befunde, in denen sie sich wiederfinden.

Im Planum gewissenhaft geputzte Befunde werden deshalb auch sorgfältig separat ausgegraben. Um genau zu sein, werden sie geschnitten, das heißt in zwei Hälften geteilt (an ihrer längsten Achse beispielsweise), von denen dann eine vorsichtig ausgegraben wird – nämlich so, dass entlang dieser Schnittachse wieder ein senkrechtes Profil entsteht, das den Befund in seiner ganzen Tiefe und Verfüllung offenlegt. Bei großen Befunden, Grabhügeln beispielsweise, kann es sogar sinnvoll sein, nicht einfach nur einen, sondern gleich mehrere solcher Schnitte anzulegen – idealerweise so, dass sich deren Profile in der Zusammenschau ergänzen.

Natürlich belassen wir es nicht bei der Ausgrabung eines halben Befunds. Deshalb entnehmen wir, sobald die entsprechenden Profile dokumentiert worden sind, auch die restliche Verfüllung, der Befund wird »ausgenommen« und alle dortigen Funde geborgen. Vielleicht wartet der spannende Fund eines hervorragend erhaltenen Vorratsgefäßes nämlich ausgerechnet gerade in der anderen Hälfte der eben sorgfältig ausgegrabenen mittelalterlichen Abfallgrube; da würde man sich schön ärgern – dann doch lieber gleich richtig nachschauen.

Die wichtige Erkenntnis hier lautet, auch wenn sie vielleicht trivial erscheint, dass Funde in der Regel aus Befunden stammen, Letztere also die Fundumstände und den *Fundzusammenhang* der einzelnen Fundstücke beschreiben.

Aufgeschichtet: Die Sache mit der Stratigrafie

Lange bevor er endlich Anerkennung für seine Verdienste um die Geologie erhielt, bestritt William Smith (der 1815 die erste geologische Karte Großbritanniens veröffentlichen sollte) seinen Lebensunterhalt als Vermesser. Immerhin bot ihm das die Gelegenheit, die englische Landschaft und vor allen Dingen deren geologische Besonderheiten zu studieren. So fiel ihm bei Kanalarbeiten im Süden Englands beispielsweise auf, dass sich die Abfolge bestimmter Erd- und Gesteinsschichten offenbar an verschiedenen Orten wiederholte und dass sie auch noch zahlreiche Fossilien enthielten, die einander glichen. Daraus schloss er, dass diese Schichten sich wohl gleichzeitig abgelagert haben mussten.

In seinen in den 1830er-Jahren veröffentlichten *Principles of Geology* hielt der schottische Geologe Charles Lyell schließlich darüber hinaus fest, dass Fossilien, die in höher gelegenen Schichten gefunden werden, größere Ähnlichkeit mit heutigen Lebewesen aufweisen als solche in tiefer abgelagerten Schichten. Dem rhetorischen und schriftstellerischen Geschick Lyells ist es zu verdanken, dass diese Ideen bald große Verbreitung und zahlreiche Leser fanden. Zu denen zählte auch ein gewisser Charles Darwin, den sie nach eigener Aussage maßgeblich in seinen Überlegungen zur Evolution beeinflussten.

Die beiden britischen Geologen konnten dabei auf die gar noch älteren Beobachtungen des dänischen Naturforschers Niels Stensen (alias Nicolaus Steno) zurückgreifen. Der spätere Bischof, durch Wilhelm von Humboldt als »Vater der Geologie« geadelt und noch später von Papst Johannes Paul II. seliggesprochen, hatte schon 1699 hergeleitet, dass Gesteinsschichten sich horizontal bilden und nach und nach übereinander ablagern – folgerichtig also die oberen Schichten jünger als die unteren sein müssten. Zusammengenommen bilden all diese Erkenntnisse die Grundlagen geologischer *Stratigrafie* zur Untersuchung der Abfolge von Gesteinsschichten und deren zeitlicher Einordnung.

Dass wir uns hier so ausführlich mit geologischer Forschungsgeschichte beschäftigen, verdanken wir den Archäologen des 19. Jahrhunderts, die oft genug selbst Naturforscher und interessierte Geologen waren und bemerkten, dass sich diese stratigrafischen Prinzipien gut auch auf die Zuordnung von Kulturschichten übertragen lassen.

Neben unserem alten Bekannten, dem Dreiperiodensystem-Erfinder Christian Jürgensen Thomsen, haben sich beispielsweise auch dessen Schüler Jens Jacob Asmussen Worsaae und der französische Archäologe Gabriel de Mortillet, der Ägyptologe Flinders Petrie und, ja, auch Heinrich Schliemann mit seinem tiefen und langen Graben quer durch den Schichtaufbau Trojas um die Anwendung dieser Erkenntnisse in der damals noch jungen Archäologie verdient gemacht.

Erdgeschichtlich sind geologische Schichten durch natürliche Erosions- und Ablagerungsprozesse entstanden. Aus archäologischer Perspektive sollen uns hier aber die davon unterscheidbaren Kulturschichten noch ein bisschen mehr interessieren. Denn menschliche Aktivitäten können, wie wir gesehen haben, Einfluss auf die Bildung neuer Schichten nehmen. Löcher graben (und wieder verfüllen), Erde aufhäufen (und wieder verteilen), Pfosten in den Boden setzen, Abfall in Gruben sammeln – all diese Eingriffe verändern Boden und Landschaft. All diese Eingriffe hinterlassen Spuren, bilden einzelne Befunde oder Schichten in einer *stratigrafischen Sequenz*. Sie lagern sich in der Regel ebenso nacheinander ab und geben also auch von unten nach oben die Reihenfolge ihrer Entstehung wieder. Das liefert schon einmal einen guten Anhaltspunkt für das relative Alter von dort gemachten Funden: Stammen sie aus einer bestimmten Schicht, müssen sie älter als die Funde aus der Schicht darüber, aber immer noch jünger als jene in der Schicht darunter sein.

Um dieses Prinzip zu erläutern, wird oft das vertraute Bild einer Schichttorte bemüht: Ganz unten kommt auf den vorbereiteten Tortenboden die erste Füllschicht leckerer Buttercreme, gefolgt von einem weiteren Biskuitboden und noch einer Füllschicht, erneut ein Boden, noch einmal Buttercreme, noch ein Boden und obendrauf zum Abschluss noch eine Schicht. Die Reihenfolge, in der wir unseren Kuchen hergestellt haben, verdeutlicht, welche dieser einzelnen Böden und Cremeschichten (und die Schokoladenstücke, die wir ihnen beigemengt haben) zuerst da waren und welche später hinzukamen. Weil wir aber die Kirschen vergessen haben und erst am Ende beschließen, sie vorsichtig nachträglich in die Buttercreme zu stopfen, bringen wir dieses schöne Schema ganz schön in Unordnung. Obwohl ja als Letztes hinzugefügt, liegen die Früchte viel tiefer im Kuchen als die zeitliche Abfolge es eigentlich suggerieren würde.

Ganz ähnlich können wir uns auch archäologische Stratigrafien vorstellen, bei denen die natürliche Schichtenfolge nicht selten durch menschliches Handeln durcheinandergeraten ist. Charles Lyell, der Verfasser der erwähnten *Geologischen Grundlagen*, illustrierte das am Beispiel Venedigs, dessen Marmor- und Ziegelbauten wegen des feuchten Bodens oft auf aus Holzpfählen bestehenden Fundamenten ruhen. Begannen sie zu verrotten, wurden diese Pfähle nach und nach durch neue ersetzt, ohne dass das große Auswirkungen auf das Gebäude oder die Bewohner darüber gehabt hätte. Marmor und Ziegel blieben dieselben, das Fundament darunter aber war plötzlich jüngeren Datums.

Um ein bisschen Bewegung in Erdschichten und Stratigrafie zu bringen, reicht es aber auch schon, einfach ein Loch zu graben und damit, ganz ähnlich wie wir mit unseren Kirschen in der Torte, die an dieser Stelle bestehende Schichtordnung zu stören. Gegenstände, die mit der Verfüllung in die Grube gelangen, finden sich nun Seite an Seite mit Objekten in benachbarten Schichten, die viel früher in den Boden gekommen waren. Glücklicherweise hinterlassen Graben und Grube in diesem Fall Spuren, die sich als archäologischer Befund im Planum und in Form und Tiefe insbesondere auch im Profil abzeichnen.

Wie in einem Buch können wir anhand der Profile in den jeweiligen Ausgrabungsschnitten die entsprechende Stratigrafie in die Tiefe aufblättern. Sie zeigen uns, an welcher Stelle und von welcher Oberfläche Hauspfosten in den Boden getrieben wurden. Profil und Stratigrafie geben uns Auskunft darüber, welche von zwei nah beieinanderliegenden Grabgruben zuerst angelegt wurde und wo die andere sie geschnitten hat. Asche- und Brandschichten erzählen vom Feuer, dem ein Gebäude zum Opfer fiel – und Fundamente in der Schicht unmittelbar darüber, dass es wieder aufgebaut wurde.

Plätze mit langer Geschichte, an denen Siedlungsschutt immer wieder abgelagert, eingeebnet und überbaut wurde, können im Laufe der Zeit Besiedlungsschicht um Besiedlungsschicht zu künstlichen Hügeln anwachsen. Für deren Bezeichnung hat sich das archäologische Fachvokabular das aus dem Arabischen stammende Wort *Tell*[20] ausgeborgt –

---

20 In der Tat bedeutet es ganz wörtlich: »Hügel«. Das Wort ist im 19. Jahrhundert in den archäologischen Sprachgebrauch übergegangen, als im Vorderen Orient die ersten großen Ausgrabungen in solchen Siedlungshügeln begannen, die die Bezeichnung »Tell« schon im Namen führten.

Schliemanns Troja, Jericho und der Zitadellenhügel von Aleppo beispielsweise sind solche im Laufe der Zeit gewachsenen Tells. Selbst im Stadtbild moderner Metropolen kann man dieses Phänomen mitunter noch immer gut nachvollziehen, wenn beispielsweise der Vorplatz einer mittelalterlichen Kirche deutlich tiefer liegt als der moderne Bürgersteig und die asphaltierte Straße daneben.

Die stratigrafische Abfolge dieser Schichten und der mit ihnen verbundenen Befunde spiegelt, wenn auch ausschnitthaft, die materiellen Spuren der Geschichte einst dort lebender Menschen wider. Und so wie der Befund Artefakten einen Fundzusammenhang gibt, ordnet die Stratigrafie Befunden und Fundschichten einen Kontext zu, der die Rekonstruktion dieser Geschichte überhaupt erst möglich macht.

Fundkontext, oder: Wo kommt das her?

Viel mehr noch als das einzelne Objekt nämlich, und sei es noch so eindrucksvoll, kann uns der *Fundkontext* über dessen Geschichte erzählen: Stammt ein Schmuckstück aus einem Grab – war es also womöglich persönlicher Besitz der oder des Verstorbenen oder ein letzter Gruß der Hinterbliebenen? Oder ging es verloren, zerbrach und endete in einer Abfallgrube? Stammt eine kleine menschliche Figurine aus einem Wohnhaus oder Tempel? Gibt es dort Aschereste, Knochen von Tier oder Mensch, Werkzeuge, weitere ähnliche Funde? Welche anderen Gegenstände befanden sich in unmittelbarer Nähe, im selben Befund womöglich? Oder daneben, darüber, darunter? Diese Beziehung zwischen einzelnem Fund

und seiner Umgebung meinen Archäologinnen und Archäologen, wenn sie von *Kontext* sprechen. Jedes noch so kleine Detail, das sich aus solchen Fundumständen ableiten lässt, jeder noch so kleine, noch so unscheinbar wirkende Fund kann hier von entscheidender Bedeutung sein.

Der Händler auf dem Berliner Flohmarkt weiß nicht so recht zu sagen, woher sie eigentlich stammen. Eine Handvoll angelaufener römischer Kupfermünzen, sogenannte »asses«[21], abgegriffen und korrodiert. Nur ein paar Euro verlangt er dafür. Als Massenprodukt der Antike zählen sie nicht gerade zu den seltenen Funden. Sie sind durch viele Hände gegangen, haben womöglich lange Reisen hinter sich, gingen verloren, gelangten in den Boden und wurden irgendwann wiedergefunden. Welchen wissenschaftlichen Wert, welchen Erkenntnisgewinn sollte schon die einzelne Münze beitragen können, wenn es doch so unzählige davon gibt? Warum sollte es auf eine mehr oder weniger ankommen? Weil die gleichen angelaufenen, abgegriffenen und korrodierten Kupfermünzen, je nachdem wo sie gefunden werden, eine eigene Geschichte erzählen und in der Tat dabei helfen können, historische Ereignisse zu verorten! Lange schon hatte man beispielsweise in Fachkreisen darüber diskutiert, wo sich wohl der Schauplatz jener »Schlacht im Teutoburger Wald« in der zweiten Hälfte des neunten Jahrhunderts n. Chr. befand, von der antike Historiker wie Strabon und Tacitus berichteten. Gut ein Achtel des gesamten römischen Heeres, drei komplette Legionen samt

---

21 Abgeleitet von »as«, der Grundeinheit römischer Währung in der Republik und Kaiserzeit, die auf ein bestimmtes Gewichtsmaß zurückgeht: In seiner Urform wog ein *As*, das »aes grave« (sinngemäß: schweres Erz oder Geld) genau ein römisches Pfund.

Hilfstruppen unter dem Kommando von Publius Quinctilius
Varus waren dort von einem zahlenmäßig unterlegenen Germa-
nenheer unter Führung des Cheruskerfürsten Arminius aufgerie-
ben worden. Eine herbe Niederlage für das Imperium, die
letztlich das Ende der rechtsrheinischen Expansion des Römi-
schen Reiches einläutete.

Allerlei römische Funde, darunter auch Gold- und Silbermünzen,
in der Umgebung von Kalkriese im Osnabrücker Land hatten
bereits 1885 den Historiker Theodor Mommsen dazu veranlasst,
eine Verbindung zum Ort der Schlacht herzustellen. Zu Recht
allerdings warfen Kritiker ein, dass der wichtigste Anhaltspunkt
für die Anwesenheit eines Heeres fehlte, das sogenannte Solda-
tengeld der einfachen Fußtruppen, Kupfermünzen nämlich.
Damit blieb Mommsens Theorie erst einmal nur eine von vielen.
Bis im Rahmen größerer archäologischer Nachforschungen
in Kalkriese eben doch auch jene Kupfermünzen in großer Zahl
gefunden wurden. Sie alle datieren in die
Regierungszeit des römischen Kaisers
Augustus (30 v. Chr. bis 14 n. Chr.) und
sind auffällig oft gegengestempelt[22],
darunter auch mit der Markierung
»VAR« des Varus. Ohne Berücksichtigung
dieser Münzfunde und vor allem ohne
das Wissen um ihren Fundkontext wäre
uns diese wichtige Erkenntnis, die schließlich Mommsens These
noch mehr Gewicht verleiht, wohl verborgen geblieben.

---

22 Vor allem aus der frühen römischen Kaiserzeit sind solche zusätzlich
    angebrachten Münzmarkierungen bekannt. Feldherren kennzeich-
    neten auf diese Weise zum Beispiel persönliche Geldgeschenke an die
    Truppe.

Diese Beziehung, dieses Fundumfeld kann uns fast immer viel mehr über Herkunft, Funktion und Gebrauch der einzelnen Fundobjekte und Gegenstände verraten, als würden wir nur sie allein befragen. Ein bronzenes Schwert ist für sich genommen schon ein spannender Fund. Ein bronzenes Schwert aber, das wir zusammen mit weiteren herausragenden Beigaben, Edelmetall oder anderen Schmuckgegenständen, in einem Grab finden, kann uns noch mehr über die mögliche Rolle dieser Waffe als Herrschafts- und Machtsymbol in der Gemeinschaft, die diese Person bestattet hat, erzählen. Um die uns fremde Vorstellungswelt einer fernen Vergangenheit zu erschließen, benötigen wir so viele Informationen, wie wir nur bekommen können. Nur so kann es uns gelingen, auch den Lebensalltag jener Menschen, und zwar gerade eben nicht nur der Mächtigen und Herrschenden, zu verstehen.

Auf der Ausgrabung aber müssen wir solch einen Fundzusammenhang, zum Beispiel als Befund, zunächst erst einmal erkennen, um ihn dann vorsichtig freizulegen. Indem wir das tun, lösen wir allerdings genau diesen Kontext auf, zerstören mit der Ausgrabung zur Quellengewinnung zwangsläufig einen nicht unerheblichen Teil eben dieser Quellen selbst: Jede Schicht, jeder Platz kann nur ein einziges Mal ausgegraben werden – danach sind sie »weggegraben«, schlicht nicht mehr vorhanden. Wird ein Artefakt ohne Berücksichtigung dieses Fundzusammenhangs aus dem Boden geholt, ist der Kontext verloren.

Hätten erfolgreiche Sondengänger mit Metallsuchgerät in Kalkriese großflächig Kupfermünzen eingesammelt oder an anderer Stelle ein Bronzeschwert ausgegraben, ohne festzuhalten, ob es aus einem Grab oder einem Waffenversteck mit weiteren ähnlichen Gegenständen stammt, wären alle damit verbundenen Informationen unwiederbringlich verloren – als würde man eine Illustration aus einem Buch herausreißen, die dann aber ohne den Textzusammenhang nur noch wenig über dessen eigentlich Handlung verrät.

Gerade deshalb ist die sorgfältige Dokumentation jedes einzelnen Arbeitsschrittes, jeder noch so gering erscheinenden Farbveränderung des Bodens, die genaue Position jedes noch so kleinen Fundstücks oberstes und wichtigstes Gebot einer archäologischen Grabung. Das erfordert jedoch Zeit. Um später eine Einordnung, Beurteilung und Interpretation der ausgegrabenen Funde und deren Fundzusammenhänge möglich zu machen, muss die Dokumentation so gründlich und ausführlich durchgeführt werden, dass auch Archäologinnen, die gar nicht vor Ort waren, sie nachvollziehen können. Nicht immer sind nämlich die Ausgräberinnen und Ausgräber selbst auch an der anschließenden Auswertung beteiligt, denn die kann mitunter Jahre der Forschung in Anspruch nehmen. Manche Details erschließen sich dank neuer Erkenntnisse vielleicht sogar erst Generationen später. Da zahlt es sich aus, gründlich Grabungstagebuch geführt zu haben.

So helfen zum Beispiel die detaillierten Fundnotizen und Aquarelle, die Walter Andrae bei den Ausgrabungen in Assur im heutigen Irak 1903 bis 1914 angefertigt hat, heute Kolleginnen am Vorderasiatischen Museum und dem Deutschen Archäologischen Institut in Berlin dabei, die Fassaden früherer assyrischer Heiligtümer aus der Zeit zwischen dem neunten und siebten Jahrhundert v. Chr. zu rekonstruieren. Unter UV-Licht werden die verblassten Darstellungen auf den glasierten Ziegeln wieder sichtbar – und können dank Andraes Dokumentation nun wieder digital zu komplexen Ritualszenen zusammengesetzt und analysiert werden.

Detailliert dokumentiert

Wo die Forschungsmethode den Untersuchungsgegenstand (wenn auch kontrolliert) zerstört, wie es bei archäologischen Ausgrabungen der Fall ist, muss also jeder Arbeitsschritt und jedes Ergebnis sorgfältig dokumentiert werden. Denn nur diese Aufzeichnungen lassen im Nachhinein überhaupt Rückschlüsse zu auf die dann längst nicht mehr vorhandenen Fundkontexte. Deswegen ist deren detaillierte Protokollierung eine der wichtigsten Tätigkeiten im Grabungsverlauf. Deswegen bezeichnen wir jede Ausgrabungsfläche, jeden Grabungsschnitt eindeutig. Deswegen erhält jeder Befund darin seine eigene unverwechselbare Nummer. Deswegen wird auch jedes Planum im Überblick fotografiert und wo nötig und sinnvoll maßstabsgerecht gezeichnet, werden die freigelegten und nummerierten Befunde nicht nur genau eingemessen, in Foto und Zeichnung aus verschiedenen Perspektiven festgehalten, sondern auch ausführlich beschrieben. Wo diese Dokumentation fehlt, können Funde nicht mehr zugeordnet werden, gehen wichtige Kontextinformationen verloren.

Die wissenschaftliche Einordnung der inzwischen weltbekannten bronzezeitlichen Himmelsscheibe von Nebra beispielsweise löste große Debatten aus, gerade weil anfangs so wenig über den Fundzusammenhang dieses einzigartigen Gegenstands bekannt war. Sondengänger hatten die etwa 32 Zentimeter große mit goldenen Sternen verzierte, gut 4 000 Jahren alte Bronzescheibe (mit der damit wohl ältesten bekannten konkreten Himmelsdarstellung) 1999 illegal und undokumentiert auf dem Mittelberg in Sachsen-Anhalt ausgegraben. So gut wie alles, was wir heute über deren Deutung und Bedeutung wissen, geht auf umfangreiche archäologische Nachuntersuchungen zurück.

Ist die Totalstation im Einsatz – was auf modernen Grabungen inzwischen eigentlich fast immer der Fall ist –, werden auch die Befunde im Planum so eingemessen, dass wir deren Position und Umrisse dem digitalen Ausgrabungsgesamtplan für die spätere Auswertung all dieser räumlichen Grabungsdaten hinzufügen können. Sollte die Totalstation gerade im Nachbarschnitt gebraucht werden, können wir mithilfe des Nivelliergeräts immer noch die Höhe des Befundes in Relation zu einem bekannten Referenzpunkt ermitteln und Funde so den entsprechenden Schichten in den Profilen zuordnen. Mit Fertigstellung jeden neuen Planums in den Grabungsschnitten werden regelmäßig mehrere solcher Höhenwerte an verschiedener Stelle gemessen, um auch im Nachhinein deren Oberflächenrelief nachvollziehen zu können.

Nicht nur diese Messdaten, sondern sämtliche Anmerkungen zum Fortgang der Arbeiten und der freigelegten Flächen, die Beschreibung von Bodenverfärbungen und Befunden und den dort gemachten Funden, Beobachtungen zur Beschaffenheit des Erdreichs und zur Stratigrafie protokollieren Archäologinnen und Archäologen noch unmittelbar vor Ort detailliert in Befundnotizen und Grabungstagebüchern. Dazu gehören auch schnelle Befundskizzen und Zeichnungen von Fundsituationen, Anmerkungen zum Wetter, zu Grabungsablauf, Mitarbeitenden, Besucherinnen und Besuchern. Kurz, zu allem was auf der Ausgrabung vor sich geht. Ein Tagebuch im Wortsinne, das als Rückgrat der Grabungsdokumentation außerdem Raum bietet, Fundzusammenhänge zu reflektieren und erste Gedanken zu deren möglicher Interpretation festzuhalten. Damit werden diese Aufzeichnungen zur wichtigen Grundlage der weiteren Bearbeitung, Auswertung und Publikation von Funden und Befunden.

Wo die ausführlichen schriftlichen Notizen eine Fülle unterschiedlicher Informationen sammeln, geht die bildliche Dokumentation ins Detail. Jeder Zwischenstand, alle Plana und Befunde halten wir zunächst grundsätzlich in fotografischen Überblicksaufnahmen fest. Bei größeren Flächen musste dafür früher auch schon einmal eine gewagte Leiterkonstruktion herhalten, um aus der Höhe wirklich alles aufs Bild zu bekommen. Dass inzwischen auch hier immer öfter mit einer Kamera ausgestattete kleine Multicopter zum Einsatz kommen, ist also vielleicht nicht allein dem technischen Fortschritt, sondern auch der Arbeitssicherheit auf Ausgrabungen geschuldet.

Von besonderen oder auffälligen Fundsituationen fertigen wir natürlich außerdem Detail- und Nahaufnahmen an. Gehörten dafür (vor der verbreiteten Einführung der Digitalfotografie, die Älteren werden sich erinnern) zwei Kameras zur Standardausstattung (eine mit Dia- und die andere mit einem Schwarz-Weiß-Film bestückt; dazu ein Fotobuch, in dem alle Aufnahmen protokolliert wurden), benutzen wir heute auch auf Ausgrabungen natürlich moderne Digitalkameras. Nach wie vor allerdings sind Maßstab, Nordpfeil (der zur Orientierung und späteren Verortung die Nordrichtung auf dem Foto angibt) und Fototafel mit Datum, Planumsbezeichnung und Befund- oder Fundnummer unumgängliches Accessoire im archäologischen Bildaufbau, damit in

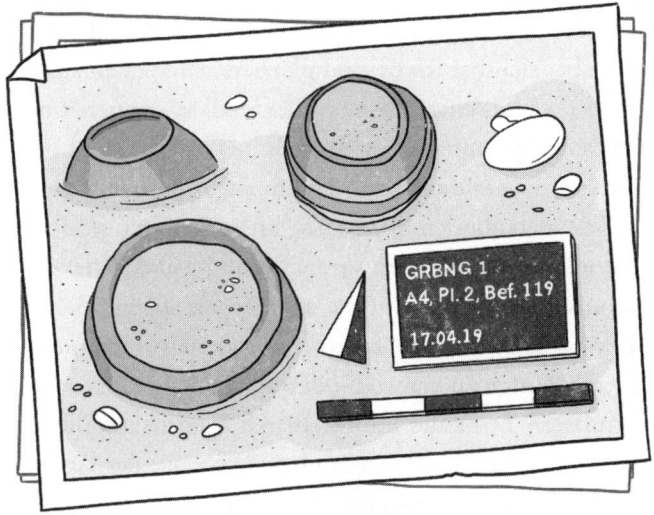

der Vielzahl der Fotos vom Ausgrabungsverlauf die Aufnahmen auch später noch eindeutig ihren jeweiligen Befunden und Funden zugeordnet werden können.

Von der Fotografie ist es nur ein kurzer (Bearbeitungs-) Schritt zur *Fotogrammetrie*. Mit dieser Methode zur »Bildmessung« (so die wörtliche Übersetzung des Verfahrens) können wir ergänzende maßstabsgerechte Ansichten von Befunden und Funden erzeugen. Diese wiederum lassen sich ganz wunderbar zum Beispiel in digitale Grabungspläne einbinden und als Schnitt- und Detailansichten verwenden. Die für eine fotogrammetrische Aufnahme ausgewählten Bilder (theoretisch genügte auch schon eines, bessere Ergebnisse liefern aber mehrere einander überlappende Fotografien) müssen den zu dokumentierenden Befund flächig vollständig abdecken. Allerdings sind unsere Motive so gut wie nie absolut eben, ist die Kamera selten exakt parallel dazu ausgerichtet. Das macht perspektivisch verzerrte Fotos unvermeidlich (wer einmal versucht hat, mit viel zu kurzen Armen ein Gruppen-Selfie aufzunehmen, kennt das Phänomen). Mithilfe unauffällig, aber sichtbar im Befund platzierter und ebenfalls mit der Totalstation eingemessener Passpunkte können wir jedoch am Computer diese Aufnahmen entzerren und die kompletten Abbildungen und Bildpläne zusammensetzen.

Diese detaillierten maßstabsgetreuen Bilder sind aber nicht nur zur praktischen Visualisierung von Ausgrabungsergebnissen nützlich, sondern auch, wenn später noch einmal Messungen an Profilen vorgenommen werden müssen, um etwa Funde zu verorten oder den Schichtverlauf zu rekapitulieren. Dank des unmittelbaren Zugriffs auf die digitalen Fotografien können wir noch direkt auf der Grabung überprüfen, ob die gemachten Aufnahmen die Anforderungen erfüllen und Befund oder Objekt auch wirklich vollständig erfasst sind. Die Nachbearbeitung am Computer ist vielleicht nicht immer die spannendste Tätigkeit, hilft aber über Langeweile hinweg, wenn an Unwettertagen selbst abgehärtete Schlechtwetterarchäologen nicht auf der Grabungsfläche stehen wollen.

Fotogrammetrische Verfahren kommen auch zur Anwendung, um auf der Grundlage zweidimensionaler Bilddokumentation dreidimensionale virtuelle Ansichten zu erzeugen, beispielsweise von ganzen Grabungsflächen oder einzelnen Befunden, deren Veränderung im Ausgrabungsverlauf sich so im Detail nachvollziehen lässt. Und wo wir früher noch Gips angerührt oder Silikon für eine Abformung aufgebracht oder mit feuchtem Papier einen Abklatsch von Reliefs und Inschriften angefertigt haben, können heute mittels Fotogrammetrie gar 3D-Modelle von solchen Funden und Befunden erstellt werden.

Das *Structure from Motion*-Verfahren (kurz SfM) gehört dabei wohl zu den inzwischen am weitesten verbreiteten Methoden. Grundlage sind auch hier umfangreiche Fotoserien sich überlappender Aufnahmen aus verschiedenen Blickwinkeln auf das Objekt oder den Befund, für die sich die Kamera um das Motiv herumbewegt. Wenn jeder Punkt dieses Motivs auf mindestens zwei Fotos zu identifizieren ist, kann daraus eine Punktwolke der fotografierten Szene errechnet werden. Im Anschluss werden ebenfalls softwaregestützt auf dieser Grundlage Objektoberflächen rekonstruiert, für die die ursprünglichen Digitalfotos praktischerweise gleich die passenden Texturen mitliefern und dem entstandenen Modell so ein tatsächlich fotorealistisches Aussehen geben.

Im Nahbereich und für viele archäologische Objekte sind

diese fotogrammetrischen Methoden auch eine echte und weniger aufwendige Alternative zur meist mit größerem Einsatz verbundenen Dokumentation mit 3D-*Laserscannern*. Als Ersatz für das händische Zeichnen kann sie auch tatsächlich einiges an Zeit, Schweiß und Tränen sparen, wenn es um die exakte Erfassung ganzer Grabungsflächen oder komplexer Baubefunde, Maueransichten mit unzähligen Ziegeln und Steinen geht. Wie schon bei der LiDAR-Kartierung wird auch hier die Umgebung mithilfe eines Lasers als Lichtquelle erfasst und gescannt. Insofern ist die Bezeichnung »Laserscanner« so simpel wie zutreffend – auch wenn wir darunter ganz verschiedene Geräte zusammenfassen, vom tragbaren Handscanner und »terrestrischen« (also am Boden stationierten) bis hin zum an Fahrzeugen oder eben Fluggeräten montierten Scanner.

Die Funktionsweise aber bleibt die gleiche: Der ausgesandte Laserstrahl wird von Oberflächen, auf die er trifft, reflektiert und dieses zurückgeworfene Signal vom Gerät wieder aufgenommen und die zurückgelegte Entfernung gemessen. Indem der Scanner bei Bedarf an immer wieder neuen Standpunkten positioniert und der Messvorgang von Neuem gestartet wird, entsteht aus Millionen solcher Messwerte schließlich auch hier eine Punktwolke, die das gescannte Motiv repräsentiert. Moderne Laserscanner verfügen zwar über Farbsensoren, für detaillierte Texturinformationen empfehlen sich aber ebenfalls zusätzlich die Aufnahmen einer Digitalkamera.

Nicht verwechselt oder gar gleichgesetzt werden sollte eine solche digitale dreidimensionale Abbildung übrigens mit einer dauerhaften »Erhaltung« des Originalbefunds, wie es gelegentlich in Bezug auf stark beschädigte oder zerstörte historische Bauwerke behauptet wird (in Erinnerung geblieben sind mir da vor allem die Debatten um Verluste – und Nachbildungen – der antiken Ruinenstadt Palmyra im heutigen Syrien). Wie detailliert auch immer so ein Modell ausfallen mag, es ist zunächst ein visuelles Hilfsmittel zur Dokumentation vor allem der sichtbaren Oberfläche und kann den eigentlichen Befund in all seinen Einzelheiten und historischen Schichten unter jener Oberfläche eben nie vollständig ersetzen.

Der mit diesen fotogrammetrischen Verfahren und Scans verbundene Aufwand lohnt aber allein schon wegen der unzähligen Möglichkeiten in der Auswertung: Beinahe beliebig können, eine vollständige Erfassung vorausgesetzt, Überblicks- und Schnittansichten, zwei- und dreidimensionale Darstellungen der Grabungssituationen oder Objekte reproduziert und animiert werden. Den millimetergenauen Objektscans entgehen selbst kleinste Oberflächendetails und mit bloßem Auge nur schwer auszumachende Abnutzungs- und Bearbeitungsspuren nicht. Die können dann aber immer wieder studiert werden, ohne dass dafür der entsprechende Fund jedes Mal aus seiner schützenden Verpackung geholt werden müsste (was nicht nur bei empfindlichen Objekten sinnvoll ist, wie Museumskuratorinnen und Restauratoren sicher erleichtert zustimmen werden).

Besonders spannend ist dabei, mit welcher Geschwindigkeit solche Technologien kontinuierlich weiterentwickelt, mobiler und zugänglicher werden – und damit auch Eingang in den archäologischen Grabungsalltag finden. Spezielle Objektscanner können heute in kürzester Zeit ganze Keramik- und Scherbenkollektionen dokumentieren, auf Knopfdruck gleich auch die zugehörigen Strichzeichnungen ausgeben und damit, wenigstens zum Teil, Zeichentisch, Messschieber und Bleistift ersetzen. Inzwischen sind gar handelsübliche Mobiltelefone mit LiDAR-Anwendungen ausgestattet, die tatsächlich zu vergleichbar guten Scan-Ergebnissen führen, wie Kollegen beeindruckt versichern, die diese Geräte testweise auf ihren Ausgrabungen eingesetzt haben.

Als die Grabungen auf dem steinzeitlichen Hügel in der Südosttürkei Jahre zuvor begannen, schaute gerade einmal eine Handvoll behauener Steine aus der roten Erde. Inzwischen stehen wir vor mehr als zwei Dutzend gewaltiger, vier bis fünf Meter hoher Steinpfeiler, die Arbeiter und Archäologen in den vergangenen Grabungskampagnen nach und nach freigelegt haben. Aber nun ging es erst einmal nicht mehr voran. Einer der großen Steinblöcke war zerbrochen. Da schien jemand schon vor langer, sehr langer Zeit Hand angelegt zu haben, um den schweren Stein zu zertrümmern – jemand, der noch Kenntnis von der Errichtung dieser Monumente und es offenbar ganz gezielt auf diesen Pfeiler abgesehen hatte. Das war zwar nicht unsere Schuld, aber nun lagen die Fragmente im Füllschutt verteilt, während der verbliebene Rest noch in seinem Fundament stand. Wir würden also erst einmal die einzelnen Bruchstücke dokumentieren und sichern müssen, bevor weitergegraben werden konnte.
Dazu aber mussten wir diese Bruchstücke aus der inzwischen schon mehrere Meter tiefen Grabungsfläche schaffen. Eine Herausforderung, bei der endlich der lange ungenutzt im Gerätezelt herumliegenden Flaschenzug zum Einsatz kommen konnte. Aber hatten wir am Ende tatsächlich alle Pfeilerbruchstücke bergen können? Waren sie überhaupt alle in dieser Grube gelandet? Lagen womöglich unter dem übrigen Geröll, das beinahe die gesamte Grubenverfüllung ausmachte, noch weitere? Im Grunde

gab es nur eine Möglichkeit, das herauszufinden: Wir mussten
puzzeln. Was bei Größe und Gewicht der tonnenschweren Puz-
zleteile wortwörtlich schwer werden würde.

Zum Glück sind gerade die Kolleginnen und Kollegen mit dem
3D-Scanner eingetroffen, um die Pfeiler (eigentlich ja die voll-
ständig erhaltenen) zu dokumentieren. Gleich am Morgen hat-
ten wir deshalb den Scanner so in der Grabungsfläche aufge-
baut, dass erst einmal der noch verbliebene Pfeilerstumpf aufge-
nommen werden konnte. Und im Anschluss die inzwischen
abgebürsteten Bruchstücke gleich nebendran. Von allen Seiten.
Unter Ächzen (und gemurmeltem Fluchen) drehen und wenden
wir also die Fragmente. Das eigentliche Scannen fällt daneben
ziemlich unspektakulär und weitestgehend unsichtbar aus, weil
wir gegen die grelle Sonne bald aus Stoffbahnen ein Zelt über
Scanner und Computer errichten.

Das Ergebnis aber ist dann alles andere als unspektakulär! Noch
am selben Abend sitzen wir gebannt im Hof des Grabungshauses
über das staubige Display des Laptops gebeugt – und können die
schweren Steinblöcke nun ganz leicht aufeinanderstapeln, dre-
hen und verschieben und schließlich aneinanderpassen. Noch die
schweißtreibenden Bilder von deren Bergung vor Augen, ist es
reichlich surreal, sie nun so einfach mit der Fingerspitze hin und
her zu schieben – und zusammenzusetzen. Dieses archäologische
Tetris zeigt aber auch: Da fehlt was. Wir hatten noch nicht alle
Bruchstücke gefunden, um tatsächlich den gesamten Monolithen
rekonstruieren zu können. Wir würden also weitersuchen, weiter-
graben müssen. Wenigstens das sollte nun, da die schweren Steine
dokumentiert und aus dem Weg geräumt waren, aber kein Pro-
blem mehr sein.

Standarddokumentation mittels hochauflösender Fotografien, ergänzt um detaillierte Laserscans und originalgetreue 3D-Modelle – sollte da die klassische Zeichnung nicht allenfalls noch eine untergeordnete Rolle spielen? Wer in sengender Hitze ein nicht enden wollendes Steinpflaster mit Bleistift und Zeichenbrett dokumentieren soll, wünscht sich jedenfalls schon einmal genau das. Tatsächlich aber gehört die zeichnerische Dokumentation nach wie vor zum Handwerkzeug auf Ausgrabungen.

Zwar können Aufrisse, Schnittansichten und Steinpläne auch aus den virtuellen Modellen erzeugt werden. Die sind aber eben immer nur so detailreich, wie die Bildvorlagen es zulassen – im starren Rahmen, den das Modell nun einmal vorgibt. Die hochauflösenden Digitalfotos bilden Grabungsflächen und Befunde zuverlässig ab, wenn aber Einzelheiten just zum Zeitpunkt der Aufnahme im Schatten lagen oder die grelle Mittagssonne Farbnuancen überstrahlt hat, ist das im Nachhinein nicht mehr zu ändern.

Die zeichnerische Dokumentation hingegen ermöglicht und verlangt sogar einen zweiten und dritten Blick, die eingehende Auseinandersetzung mit dem Motiv. Es liegt in der Hand der zeichnenden Person, Details mit dem Stift herauszuarbeiten. Sie können, was Realität und Foto nicht vermögen: verschiedene Perspektiven nebeneinander und unterschiedliche Bildelemente gegenüberstellen. Wo ein Foto Objektivität suggeriert, gibt die Zeichnung unumwunden zu, dass sie immer auch Interpretation ist. Eine Fotografie bildet in der Regel alle Einzelheiten gleichwertig nebeneinander ab. In der Zeichnung können wir den Blick lenken, unsere Eindrücke vor Ort gewichten und einbringen – herausragende Details betonen, andere in den Hintergrund rücken. Die Zeichnung gehört meiner bescheidenen Meinung nach also unbedingt nach wie vor zum Handwerkzeug auf Ausgrabungen.

Damit diese Lagepläne und Zeichnungen aus unterschiedlicher Hand in der späteren Auswertung vergleichbar bleiben, gibt es auch für die zeichnerische Dokumentation ein paar grundlegende archäologische Standards: Datum, Planum und Befund- oder Fundnummer gehören der eindeutigen Zuordnung wegen in den Kopf einer Zeichnung, ebenso wie der Maßstab, in dem sie angefertigt wurde. In der Regel wird hier im Maßstab 1:20 dokumentiert. Jeder Zentimeter

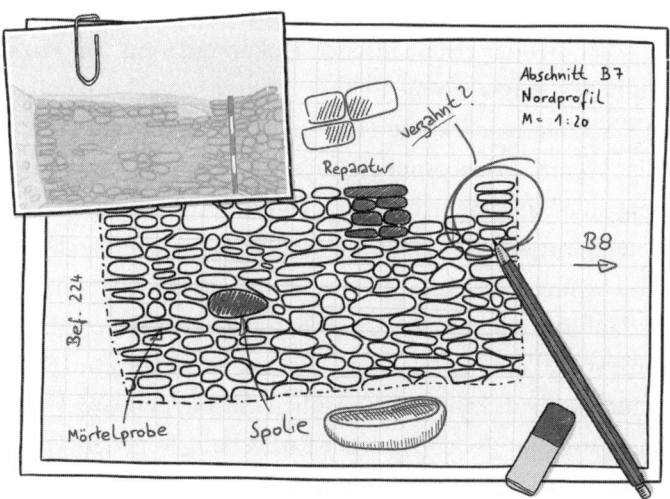

in der Zeichnung (beziehungsweise eine Kästchenbreite auf dem Millimeterpapier, das dafür standardmäßig Verwendung findet) entspricht also 20 Zentimetern des Originalbefunds. Besondere Fundsituationen werden wegen der größeren Detailtiefe auch schon einmal im Maßstab 1:10 gezeichnet – dann repräsentiert ein Zentimeter auf der Zeichnung zehn im Original.

In größeren Flächen richten wir uns dafür ein Messraster mithilfe von gespannten Schnüren, ausgelegten Maßbändern und Gliedermaßstäben (je nach Mundart und persönlicher Vorliebe auch »Meterstab« oder »Zollstock«) ein, um die Abstände und Größenverhältnisse zu ermitteln. Am besten geht das, wenn man sich die Arbeit zu zweit teilen kann, eine Person das Messen übernimmt und die andere sich voll und ganz auf das Übertragen der eingemessenen Umrisse aufs Millimeterpapier konzentriert. Erdbefunde sind in feuchtem Boden übrigens meist besser zu erkennen, und wenn das Wetter das gerade nicht hergibt (wer will denn auch im Regen zeichnen?), kann eine Gartenspritze hier Wunder wirken.

Auch bei der zeichnerischen Dokumentation von Profilen helfen eingemessene Referenzpunkte sowie horizontale, mit Schnüren markierte Hilfslinien bei der Orientierung. Hier kommt es insbesondere auf die genaue Wiedergabe der dort ablesbaren Schichten an. Gegenüber dem Foto haben Zeichnerin und Zeichner die Möglichkeit – aber auch Verantwortung –, die eigene Beobachtung und Interpretation zu Verlauf und Abgrenzung dieser Schichten einfließen zu lassen. Vor allem bei der anschließenden Kolorierung des Schichtverlaufs kann das tatsächlich mitunter ein Stück weit auch Auslegungssache sein. Die Farbgebung folgt dem Originalbefund dabei so eng wie möglich.

Manchmal kommen dafür auch standardisierte Farbtabellen für eine bessere Vergleichbarkeit zur Anwendung – allerdings macht das die Entscheidung (»Vielleicht doch eine dunklere Rotschattierung?«) nicht zwingend leichter, weil die Übertragung der Sedimentfärbung selbst in ein standardisiertes Farbraster eben doch sehr von der persönlichen Wahrnehmung abhängt.

Wenn außerdem Funde wie Holzkohle, Keramik oder Knochen zu beobachten sind, werden natürlich auch die eingezeichnet – je nach Material mit eigenem Farbschlüssel. Auch sie können später viel zum Verständnis des Schichtaufbaus beitragen.

Das Blatt Papier bietet meistens genug Platz, um die eingezeichneten Schichten und Befunde noch um eine kurze schriftliche Beschreibung von Farbe und Zusammensetzung (»braun und sandig« oder »besonders viel Holzkohle« zum Beispiel) zu ergänzen. Wer sich später einmal der weiteren Bearbeitung und Auswertung dieser Grabungsergebnisse widmet, wird das zu schätzen wissen.[23]

Egal wie fotorealistisch ein digitales Modell oder wie exakt eine Profilzeichnung ist – manchmal sind ein Befund oder ein Profil so detailliert und aussagekräftig, dass sie auch physisch bewahrt oder sogar als Glanzstück einer Museumsausstellung gezeigt werden sollen. Eine Abbildung kann noch so perfekt sein, die Details der materiellen Oberflächen-

---

23 Auch, weil die Langzeitarchivierung rein digitaler Daten eine noch immer große Herausforderung darstellt und die Lesbarkeit der PDF-Dateien mit unseren ausführlichen Berichten oder Festplatten-sammlungen voller Ausgrabungsfotografien immer darauf angewiesen sind, dass auch die zugehörige Hard- und Software auf entsprechend kompatiblem Stand mitüberliefert wird.

beschaffenheit einzelner Bodenschichten mit ihren unterschiedlichen Sedimenten, Holzkohleeinschlüssen, kleinen und kleinsten Funden lassen sich am Original immer noch am besten nachvollziehen. Zur naturgetreuen Dokumentation und Konservierung solcher Böden und Bodenprofile ist schon in den 1930er-Jahren mit dem *Lackabzug* ein allerdings mit etwas Aufwand verbundenes Verfahren entwickelt worden, das deshalb meist besonderen Befunden vorbehalten bleibt. Dazu werden die entsprechenden Bodenschichten zunächst freipräpariert, flächig mit einem speziellen Klebelack besprüht und mit einem Gewebe abgedeckt, das seinerseits erneut mit dem Kleber bestrichen wird. Nach dem Trocknen kann das so entstandene *Lackprofil* vorsichtig abgenommen und auf einem stabilen Untergrund fixiert werden; die ausgehärtete Oberfläche wird anschließend mit einem Kunstharz versiegelt. Ein solcher Lackabzug spiegelt – und zwar wörtlich, denn das montierte Profil ist eine spiegelbildliche Abbildung – den Originalbefund bis in mikroskopische Details wider. Im Römermuseum in Haltern beispielsweise kann man den auf diese Weise dokumentierten drei Meter langen und mehr als anderthalb Meter tiefen Profilschnitt eines Grabens des römischen Feldlagers im Detail bewundern. Und wer schon immer wissen wollte, welche Spuren ein eisenzeitlicher Flechtbrunnen nach mehr als 2000 Jahren im Boden hinterlässt, wird im Berliner Bezirksmuseum von Marzahn-Hellersdorf ein solches Lackprofil finden.

Gebäudebiografien

Geht es auf der Ausgrabung um die ausführliche Dokumentation und Einordnung von Architekturresten, können Archäologen auf die Expertise von Kolleginnen und Kollegen vertrauen, die sich damit auskennen. Wer könnte besser mit antiker Architektur vertraut sein als Architekten? Richtig: In historischer *Bauforschung* spezialisierte Architekten. Die Bauforschung nämlich versteht jegliche Form des Bauens als Kulturgeschichte und jedes Bauwerk als historische Quelle.

Gebäude berichten auf ihre Weise von der Vergangenheit: Von Baumaterialien, Bautraditionen und Bautechniken. Aber eben auch von den Menschen, die sie geplant und errichtet, die darin gelebt und gearbeitet, gelernt und gebetet haben. Bauforscherinnen und Bauforscher belassen es nicht bei der Dokumentation des erhaltenen oder freigelegten letzten Zustands eines Gebäudes. Sie sehen hinter die äußere Hülle eines Bauwerks und suchen nach Spuren, die Reparaturen und Umbauten hinterlassen haben, nach baulichen Erweiterungen, nach Verfall und Sanierung. Die historische Bauforschung analysiert sozusagen die zeitliche Stratigrafie eines Bauwerks, seine Biografie. Ebenso wie die dort gemachten Funde ist auch der archäologische Kontext von Gebäuden Teil dieser Geschichte. Bauhistorische Erkenntnisse tragen deshalb einen nicht unerheblichen Teil zum Verständnis der entsprechenden Befunde bei. Sie können Einblick in typische Bauweisen bestimmter Epochen und Kulturen geben.

Vor allem aber ist die ziegelfugengenaue Dokumentation unentbehrliche Voraussetzung für jeglichen denkmalpflegerischen Umgang mit Architekturbefunden – von der Konservierung bis hin zu möglicher Restaurierung und Rekonstruktion, sowohl virtuell als auch physisch.[24]

Die Arbeit von Bauforscherinnen auf der Ausgrabung beginnt in der Regel nach der Freilegung entsprechender Baubefunde mit einer technischen Bauaufnahme. Sie fertigen ein exaktes Aufmaß dieser Gebäudereste und maßstäbliche Architekturzeichnungen an – bis hin zu detaillierten perspektivischen Schnittansichten durch die Bauwerke. Auch hier kommen moderne technische Hilfsmittel wie Fotogrammetrie und 3D-Scan zum Einsatz, auch hier werden wichtige Einzelbeobachtungen in Zeichnungen festgehalten, Details hervorgehoben und interpretiert.

In einem sogenannten *Raumbuch* (handelte es sich dabei früher tatsächlich noch um umfangreiche richtige Bücher, nutzen die Kollegen heute meist digitale Datenbanken) werden dann die einzelnen Elemente des jeweiligen Bauwerks systematisch noch einmal nach Räumen geordnet und im Detail dokumentiert: Jede Mauer und jeder Mauervorsprung wird untersucht, denn deren Position und Verzahnung kann verraten, in welcher Reihenfolge sie einst errichtet wurden. Unterschiedliche Baumaterialien werden ebenso erfasst wie die Beschaffenheit jeder Wand und jedes Fußbodens. Und der Zustand jeder Decke (sofern vorhanden und erhalten) mit Fotos oder in Zeichnungen festgehalten.

Am Ende können Bauforscher so die Baugeschichte einzelner Gebäude oder ganzer Komplexe rekonstruieren. Ver-

---

24 Heute ziehen wir Erstere meist vor, da das eigentliche Ziel archäologischer und auch bauhistorischer Dokumentation darin besteht, möglichst den erhaltenen Gesamteindruck zu bewahren – den aber jede Form des »Wiederaufbaus« überdecken würde.

bunden mit den archäologischen Fragestellungen und Beobachtungen können wir schließlich deren Nutzungsgeschichte nachvollziehen. Gemeinsam werfen Bauforscherinnen und Archäologen dann einen Blick hinter die Fassaden – auf die Menschen, die dort einmal gelebt, gearbeitet, gelernt und gebetet haben. Sie helfen uns zum Beispiel, zu verstehen, wie aus dem einfachen Wohnhaus in der Colonia Claudia Ara Agrippinensium im heutigen Westen Deutschlands, in dem sich im vierten Jahrhundert n. Chr. eine kleine christliche Gemeinde versammelte, im sechsten Jahrhundert eine merowingische Bischofskirche wurde, an deren Stelle noch einmal zweihundert Jahre später eine karolingische Basilika errichtet wurde, die schließlich zur gotischen Kathedrale des Kölner Doms anwuchs.

Davon eine Probe, bitte.

Einen auffälligen hellgrauen Befund, der sich schon im Planum deutlich im braunen Boden abzeichnet, können wir bei näherer Untersuchung bald als Herdstelle identifizieren und dokumentieren. Nicht nur die feine Asche, auch ein paar spröde, offenbar großer Hitze ausgesetzte Steine und winzige Holzkohlereste zeigen uns: Hier brannte einst ein Feuer. Wann genau, was hier verbrannt und ob dort auch gekocht wurde, können wir allein aus dieser Beobachtung aber noch nicht ablesen. Die Holzkohlefunde allerdings könnten es bei näherer Untersuchung vielleicht doch verraten.

Vorsichtig sammeln wir deshalb mithilfe der Kellenspitze oder eines Spatels (Insider schwören auf einen angeschliffenen Teelöffel) selbst kleinste Kohlereste auf. Die werden, in

Aluminiumfolie eingewickelt und mit einer Notiz bezüglich Herkunft und Fundumständen versehen, stoßsicher in kleine Plastikgefäße verpackt,[25] um sie später im Labor noch genauer unter die Lupe zu nehmen. Solche Holzkohleproben (und andere organische Reste) eignen sich zum Beispiel zur naturwissenschaftlichen Altersbestimmung; oft genügen dafür schon wenige Gramm Material. Vielleicht lässt sich auch herausfinden, um welche Sorte Holz es sich gehandelt hat, von welchen Bäumen es stammte und wo diese früher in der Gegend heimisch gewesen sein mochten. An manchen Orten können wir so auch die Veränderung der Landschaft nachvollziehen. Untersuchungen an mittelalterlichen Holz- und Holzkohlefunden aus dem erzgebirgischen Bergbau konnten zum Beispiel zeigen, dass das warm-trockene Klima bis Mitte des 12. Jahrhunderts die Ausbreitung von Buchen und Weißtannen bis in höhere Gebirgslagen begünstigt hatte, eine folgende anhaltende Abkühlung (und vermehrter Brenn- und Bauholzbedarf) dann aber zu deutlicher Ausdünnung des Baumbestands führte. Das sind Erkenntnisse, die durchaus auch für die moderne Forstwirtschaft von Interesse sind, denn sie können dabei helfen, zu entscheiden, welche Baumarten für die Wiederaufforstung regionaler Wälder ökologisch besonders geeignet sind.

Auch ob aufgefundene behauene Steine extra für die Errichtung einer monumentalen Skulptur aus der Ferne herangeschafft wurden, können wir mithilfe kleiner Materialpro-

---

25 Ganz praktisch waren dafür einmal diese kleinen Fotofilmdöschen, die im analog-fotografischen Grabungsalltag ja ständig irgendwo anfielen. Seit wir aber auch auf Ausgrabungen auf digitale Fotografie umgestellt haben, müssen wir uns da anderweitig behelfen.

ben später überprüfen lassen. Und die chemische Zusammensetzung des Bodens lässt erkennen, wo womöglich einst Haus- und Nutztiere gehalten wurden. Tierknochen wiederum offenbaren unter Umständen erst unter dem Mikroskop jene Schnittspuren, die sie als Jagdbeute und Speisereste ausweisen. Und wenn menschliche Knochen gut erhalten sind, dann kann das in ihnen bewahrte Erbgut Verwandtschaftsbeziehungen zwischen den einzelnen, innerhalb einer großen Grabanlage bestatteten Menschen herstellen, die uns die Beigaben allein nie verraten hätten.

All diese und viele weitere Informationen und Erkenntnisse können wir nicht vor Ort auf der Ausgrabung selbst gewinnen, denn für die dazu notwendigen Untersuchungen bedarf es besonderer Analysemethoden, spezialisierter Laboratorien und der Unterstützung von Expertinnen und Experten. Diese wiederum sind für ihre Forschungen auf entsprechendes Probenmaterial angewiesen. Beim Einmessen auffälliger Erdverfärbungen, der Freilegung eines Hausgrundrisses und der behutsamen Dokumentation einer Grabgrube denken wir deshalb immer auch daran, wo sinnvoll Proben für weitere Analysen gewonnen werden können. Auch hier gilt, dass einmal Ausgegrabenes nicht wieder in seinen ursprünglichen Zustand zurückversetzt werden kann, weshalb wir lieber ein Probentütchen zu viel als eines zu wenig füllen.

Manchmal kann es dafür auch schon einmal nötig sein, eine Nachtschicht einzulegen oder in der stickigen Abgeschiedenheit einer lichtdichten schwarzen Plastikplane zu schwitzen. Neuere Datierungsmethoden erlauben es nämlich mithilfe der in Oberflächengestein und Sand gespeicherten Hintergrundstrahlung das Alter ihrer Entstehung und letzten »Belichtung« (durch die Sonne) zu bestimmen. Allerdings nur, solange sie nicht im Zuge der Ausgrabung erneut Tageslicht ausgesetzt werden, was diese Information gewissermaßen überschreiben würde. Die entsprechenden Proben müssen wir also im Dunkeln gewinnen, beispielsweise mit einem vollständig in die zu untersuchende Profilschicht geschlagenen Stechzylinder. Der wird anschließend an beiden Seiten verschlossen und darf bis zur Untersuchung im Labor nicht wieder geöffnet werden. Oder eben unter Zuhilfenahme besagter Plane, in deren Schutz wir die lichtempfindliche Probe im Schein einer rotgefilterten Stirnlampe freipräparieren und verpacken – was im Sommer selbst in den Abendstunden schnell eine schweißtreibende Angelegenheit werden kann.

Doch selbst der Aushub, das ausgegrabene Sediment, kann besondere Funde beinhalten, die auf den ersten Blick kaum auszumachen sind: Kleinste Pflanzenreste helfen frühere Umweltbedingungen zu rekonstruieren, verkohlte Getreidekörner verraten, ob sie wild gewachsen und eingesammelt oder auf einem Acker kultiviert wurden. Während Funde wie Keramikscherben, Steingeräte, Knochen und Bronzeschmuck groß genug sind, um sofort aufzufallen, sind Pflanzensamen und Kerne, Fischgräten und kleine Nagetierknochen auch deshalb mitunter so rar im Fundmaterial, weil sie leicht übersehen werden können.

Einem engmaschigen Sieb aber rutschen auch sie nicht so leicht durchs Raster. In zwei oder, wenn das Sediment gar zu grob und unterschiedlich ausfällt, mehr übereinander montierten *Sieben* mit jeweils kleiner werdender Maschenweite wird das Sediment, große Erdbrocken zerteilen wir zuvor noch rasch mit der Hand, gründlich durchgerüttelt bis sich der feine Sand weiter nach unten absetzt und nur noch die größeren Bestandteile der Probe zurücklässt. So geht das Sieb für Sieb weiter, mit jedem Schritt ein feineres Raster. Am Ende bleibt ein großer Berg feinen Sandes (in dem die Grabungshunde besonders gern ihr Nickerchen abhalten) und kleinere Sammlungen unterschiedlich großer Steinchen und Kiesel, zwischen denen sich dann eben doch mitunter eine Fischschuppe, ein Schlangenwirbel oder Kirschkern zeigt. Die nun selbstverständlich ihrerseits entsprechend etikettiert und verpackt werden, bevor es mit dem nächsten Eimer Erde weitergeht.

Zugegeben, das alles ist eine reichlich staubige Angelegenheit, und vielleicht ist die Archäologie ihrem vermeintlichen Ruf, eine gelegentlich recht trockene Disziplin zu sein, hier am nächsten. Etwas Wasser kann das aber ändern: Beim *Schlämmen* (oder *Flotieren*) nämlich werden die mit den Erdproben gefüllten Eimer aus den Grabungsflächen mit reich-

lich Wasser gefüllt und das Sediment zu feinstem Schlamm aufgeschwemmt. Während die schwereren mineralischen Bestandteile im Eimer hinabsinken, lösen sich die leichteren organischen Partikel und steigen auf. Anschließend werden sie ebenfalls durch ein Sieb »dekantiert«. Solange sich am Grund des Eimers noch dichter Schlamm findet, kann dieses Wässern, Lösen und Abgießen auch noch ein zweites, drittes oder gar viertes Mal wiederholt werden, bis das schlammige Wasser uns alle aus dem Erdreich gelösten Pflanzenreste, verkohlte Samen und andere Mikropartikel überlässt. Gründlich getrocknet, werden sie schließlich für die weitere Laboranalyse verpackt und beschriftet. Das Schlämmprotokoll verzeichnet für die spätere statistische Auswertung auch, aus wie vielen Litern Erde die herausgeschlämmten – und mit »RS« bezeichneten – Rückstände eigentlich gewonnen wurden.

Nicht in jedem Bereich der Grabung ist hier mit gleich großer Ausbeute zu rechnen. Bei besonderen Befunden aber, wie Abfallgruben oder dem unmittelbaren Umfeld jener Herdstelle aus unserem Eingangsbeispiel, nehmen wir gern ein bisschen mehr Staub und Schlamm in Kauf und fügen den vollgepackten Fundkisten weitere kleine Probenbeutel hinzu.

Fundbergung, oder:
Wo kommt das hin?

Keramikscherben und Tierknochen, gebrannte Lehmreste, Feuersteinklingen und das ein oder andere kleine Bronze- oder Eisenfragment zählen auf archäologischen Ausgrabungen, je nach Datierung des Fundplatzes, nicht eben zu den besonders seltenen Funden. Sie werden im Grabungsverlauf dokumentiert (besondere Funde sogar einzeln eingemessen und noch einmal separat fotografiert oder gezeichnet) und je nach Fundmenge (gerade die Zahl der Scherben kann da gewaltige Dimensionen erreichen) zusammen mit den penibel beschrifteten Fundetiketten (Befundnummer auch nicht vergessen?) in Tüten oder Eimern gesammelt.

Allerdings bedeuten Freilegung und Bergung für jeden Fund eine mitunter dramatische Veränderung seiner unmittelbaren Umgebung. Und das kann sich bei empfindlicheren Materialien sehr schnell sehr deutlich auch auf deren Erhaltungszustand auswirken. Für eine gründliche konservatorische Behandlung einzelner Funde haben wir auf der Grabung selten ausreichend Zeit und Ressourcen zur Verfügung; die korrekte Verpackung und Lagerung müssen wir deshalb schon vom ersten Moment an mitdenken. Aus Geweih, Horn, Elfenbein oder Knochen gefertigte Objekte können wegen ihrer spröden Beschaffenheit nach langer Zeit unter der Erde besonders anfällig sein. In feuchtem Boden gut erhaltene Holzfunde oder Kleidungsreste aus Leder und Textilien trocknen an der Luft rasch aus und werden brüchig, wenn sie nicht weiterhin feucht oder nass gehalten werden – am besten gleich mit dem sie einschließenden Sediment.

Glücklich, wer dann Restauratorin oder Restaurator vor

Ort oder wenigstens via Videotelefonat konsultieren kann. Die kennen sich nämlich naturgemäß am besten damit aus, was solchen Funden guttut – und was nicht. Genau diese Herausforderungen bringen mitunter aus der Not heraus aber auch neue Konservierungstechniken auf den Weg. Ganz aktuell ist das zum Beispiel der Fall bei den schon erwähnten Tonkriegern, die das Grabmal des ersten chinesischen Kaisers nahe Xi'an in Zentralchina bewachen. Die lebensgroßen Figuren, von denen keine der anderen gleicht, waren bei ihrer Aufstellung spektakulär bemalt gewesen. Kaum freigelegt aber trocknet die antike Lackschicht aus, die Pigmente beginnen abzublättern – die Krieger verlieren ihre Farbigkeit. Gemeinsam mit Restauratorinnen entwickeln die Ausgräber deshalb seit einigen Jahren Methoden, das Austrocknen der Lackgrundierung durch die Behandlung mit speziellen Lösungsmitteln schon nach der Freilegung der Figuren zu stoppen – mit beachtlichen Erfolgen.

Mancher Fund aber ist zu empfindlich, um ihn auf der Ausgrabung zu behandeln, mancher Befund schlicht so komplex, dass man sich wünschte, ihn in aller Ruhe unter Laborbedingungen freilegen und untersuchen zu können. Der enge Zeitplan einer (Rettungs-)Grabung und unberechenbare Wetterkapriolen lassen das in der Regel aber nicht zu.

Können komplizierte Fundkontexte, gleich mehrere Brandbestattungen beispielsweise, deren fragile Knochenreste in der Grabgrube verstreut sind, der mit organischen Funden dicht verfüllte bronzezeitliche Brunnen oder die in Tausende Fragmente zerbrochenen Überreste einer römischen Legionärsrüstung, auf der Grabung nicht sorgfältig genug untersucht und dokumentiert werden, besteht die Gefahr, dass wichtige Informationen verloren gehen. Dann ist es besser, solche Befunde in geschützter Umgebung auszugraben. Dafür werden sie nach der Dokumentation im Grabungszusammenhang samt des sie umgebenden Erdreichs verpackt. Genügt für kleinere solcher *Blockbergungen* die Sicherung mit Gipsbinden, müssen wir bei großen Befunden wie beispielsweise ganzen Bestattungen schon einmal einen stabilen Holzkasten um den Befund herum konstruieren. Blockbergungen sind deshalb meistens auch solchen Funden vorbehalten, deren detaillierte Untersuchung in Labor oder Restaurierungswerkstatt wichtige Erkenntnisse erwarten lässt.

Dort werden diese Blöcke, deren Umgebung, Temperatur und Feuchtigkeit nun ganz gezielt kontrolliert werden kann, Schicht für Schicht in einer Ausgrabung im Kleinformat freigelegt. Auch hier gelten natürlich die gleichen Regeln und Anforderungen an Ausgrabungsmethoden und die Dokumentation jedes Zwischenschritts wie im Feld – bei zugleich viel größerem Handlungsspielraum: wenn beispielsweise schnell selbst kleinste organische Reste gesichert, die feingliedrige Stratigrafie innerhalb der Brunnenverfüllung in Zentimeterschritten abgetragen oder die kleinteiligen Fragmente der fragilen Legionärsrüstung konservatorisch weiter behandelt werden müssen. Unter diesen Bedingungen können Archäologinnen sehr konkret planen und Restauratoren, Anthropologen oder andere Spezialistinnen ganz gezielt hinzuziehen.

Waschen, schreiben, packen

Während sich die Sonne ihrem Zenit nähert, ändert sich auch der Arbeitsrhythmus. Nach acht Stunden anstrengenden Grabens macht sich eine gewisse Lethargie breit, und alle freuen sich über das laut gerufene »Feierabend!« gegen Mittag.

Die Arbeiter erklimmen Traktoren und Anhänger – und entschwinden in einer Staubwolke in die Ferne. Wir verladen Eimer voller Kleinfunde in den wartenden Minibus, der sie und uns zurück ins Grabungshaus bringt. Während der Bus sich steile Feldwege hinuntertastet, suchen müden Archäologen eine möglichst bequeme Position in den ruckelnden Polstern – die Beine ausgestreckt, staubige Hüte über die Augen gezogen. In der Rushhour dauert die Rückfahrt trotz des kurzen Weges eine Ewigkeit, mehr als genug Gelegenheit für ein Nickerchen.

Doch ist der archäologische Arbeitstag damit noch nicht vorüber. Nach einer (nur mäßig erfrischenden) Dusche werden die zuvor von der Ausgrabung mitgebrachten Funde vorsichtig gereinigt und gewaschen, sortiert und auf großen Sieben zum Trocknen in der Sonne ausgebreitet – während die vom Vortag, inzwischen trocken und geordnet, katalogisiert, gezeichnet und fotografiert werden können. So geht es den ganzen Nachmittag lang, bis sich schließlich der Abend über Altstadtgassen und Grabungshaus im Südosten der Türkei senkt.

Nicht wenige Fundtüten, Eimer und Kisten füllen sich mit im Laufe der Ausgrabung freigelegten, notierten und dokumentierten Keramikscherben, Knochenresten, Bodenproben und allerlei weiterem Fundmaterial. Um die wirklich spannenden Fragen beantworten zu können, die wir an sie stellen wollen, muss diese Fülle an Keramikscherben, Knochenreste und Bodenproben aber erst einmal gesichtet und sortiert, geordnet und für weitere Untersuchungen vorbereitet, kurz: weiterbearbeitet werden. Je nach Größe von Unternehmung und Team werden diese Tätigkeiten von eigens dafür zuständigen Kollegen parallel zu den laufenden Grabungsarbeiten erledigt – oder im Anschluss daran gemeinsam von allen Archäologen vor Ort.

Auf den ersten Blick mag es nur nach ein bisschen Scherbenwaschen und -sortieren aussehen, die *Fundbearbeitung* ist jedoch ein weiterer Dreh- und Angelpunkt jeder Ausgrabung. Hier sichten wir alle Funde, reinigen und vermessen sie, trennen sie nach Herkunft und Material. Hier erkennen wir Formen und Muster und setzen Fragmente zusammen.

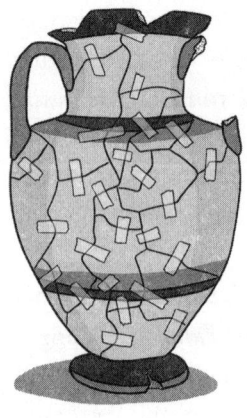

Manch große Scherbensamm-
lung entpuppte sich beim
Waschen, Trocknen und Puzzeln als (von der offensicht-
lichen Fragmentierung abgesehen) vollständiges Gefäß.
Keramik, Ziegel, Tierknochen
sowie Fels- und Feuersteinartefakte befreien wir zunächst
von anhaftender Erde und
reinigen sie dann gründlich
mit Wasser, Spülschwamm
und – Archäologen-Tipp – Zahnbürste. Die Funde müssen
anschließend erst einmal ordentlich an der Luft trocknen –
und zwar vollständig; feucht verpackt taugen Scherben oder
Knochen schon nach kurzer Zeit allenfalls noch für mikro-
biologische Studien zur Ausbreitung von Schimmelpilzen.

Für Analysezwecke entnommene Proben und für weitere
naturwissenschaftliche Untersuchungen vorgesehene Knochen sollen möglichst unverfälscht an die entsprechenden
Labore weitergegeben und erst dort aufbereitet werden. Bemalte Keramik oder Scherben, an denen noch die Rückstände früherer Gefäßinhalte haften, behandeln wir besonders
vorsichtig – und lassen Wasser und Bürste lieber beiseite, versehen die Stücke mit entsprechender Notiz und verpacken
sie separat. Auch Funde aus Metall, Glas, Holz oder Textilien
und anderem organischen Material sollten im Beisein oder
am besten direkt von entsprechend konservatorisch geschul-
tem Personal gereinigt werden. Zu schnell ist statt eines vermeintlichen Erdbrockens ein fragiles Stück Leder oder eine
stark korrodierte Eisennadel zerdrückt.

Bevor wir dann die gereinigten und sortierten Funde und Proben schließlich für ihre Weiterreise in Labore, Lagerräume, Museumsdepots oder gar Ausstellungsvitrinen vorbereiten und sicher verpacken, erhalten sie noch ihre ganz individuellen Fundnummern. Mit Tusche und Lack direkt auf Scherbe oder Stein notiert, identifizieren diese Nummern die Funde künftig eindeutig und verbinden sie dauerhaft mit ihrem jeweiligen Fundkontext. In Datenbanken und Tabellen werden die Fundnummern nun gemeinsam mit den ihnen zugeordneten Befundnummern, Grabungsschnitten und -flächen erfasst und katalogisiert. Dort notieren wir auch Probenmengen sowie Maße, Gewicht und weitere Informationen zu den Objekten. Während der Boden in den Grabungsschnitten Schicht um Schicht abgetragen wurde, wächst die Ausgrabungsdokumentation nun um immer neue Schichten an. Dazu gehören auch weitere Fotografien und Zeichnungen einzelner Funde sowie, wo das für deren bessere Einordnung sinnvoll und notwendig ist, kurze Fundbeschreibungen.

Die Funde selbst bleiben heute – anders als in der Vergangenheit, wo archäologische Objekte in kolonialem Gebaren oft einfach mitgenommen wurden – in der Regel vor Ort. In Zeiten nationaler Kulturgutschutzgesetze und internationaler Forschungskooperationen werden sie der Obhut lokaler Antikenbehörden, Denkmalämter oder Projektpartnern wie Museen und Universitäten übergeben. Allenfalls einzelne Objekte und Proben verlassen, in gemeinsamer Abstimmung mit diesen Partnern und Behörden, für weitere Analysen überhaupt noch das Land, sofern diese Untersuchungen nicht auch dort durchgeführt werden können.

Die umfangreiche im Grabungsverlauf entstandene Dokumentation mit ihren detaillierten Kontextnotizen und Fundangaben, Skizzen, virtuellen 3D-Modellen und Terrabytes fotografischer Aufnahmen ist der eigentliche Schatz, den Archäologinnen und Archäologen nach einer oft ebenso anstrengenden wie spannenden Ausgrabungskampagne mitbringen. Im Zeitalter der Digitalisierung sind diese Unterlagen rasch vervielfältigt und unter allen beteiligten Kolleginnen, Partnern und Institutionen verteilt. Sie bilden nun das Rückgrat jeder weiteren Auswertung und Untersuchung. Für jeden mit Feldforschung auf der Ausgrabung verbrachten Monat, so hat es ein Kollege einmal vorgerechnet, kommen drei weitere Monate am Schreibtisch, in Labor und Bibliothek für die Nachbereitung hinzu. Mindestens. Nicht selten können daraus aber auch Jahre intensiver Forschungstätigkeit werden.

NACH DER
GRABUNG

Zu Ende, aber noch
nicht fertig

Wir haben die Funde verpackt und vor Ort eingelagert, die Grabungsdokumentation – Fotos, Notizen, Tagebücher und Listen – haben wir gesichert und mit den beteiligten Institutionen und Behörden geteilt. Herzlich haben wir uns von Arbeitern, Kolleginnen und Freunden verabschiedet. Die Ausgrabung ist zu Ende. Aber längst nicht fertig.

Da stellt sich zunächst die ganz praktische Frage: Was wird eigentlich aus den nun manchmal metertiefen Grabungsschnitten und –flächen (sofern sie nicht, wie im Falle baubegleitender und Rettungsgrabungen, nur vorübergehende Begleiterscheinung sind)? Blieben sie einfach offen, wären sie ein nicht ungefährliches Hindernis für Mensch und Tier. Wind und Erosion würden den noch erhaltenen Befunden und Ruinen – nun nicht mehr im Boden verborgen und geschützt – weiter zusetzen.

Egal ob nur vorübergehend (weil eine Fortsetzung der Ausgrabungsarbeiten geplant ist) oder dauerhaft, die sicherste Maßnahme ist die erneute Verfüllung dieser Flächen. Dank des in kleinen Abraumhalden am Rande der Grabung gesammelten ausgehobenen Sediments mangelt es dafür in der Regel auch nicht an geeignetem Material. Den gleichen Boden einfach wieder hineinzuschaufeln, das könnte bei späteren Grabungen allerdings Fragen aufwerfen, wenn mit dem älteren Aushub auch kleinere, zuvor vielleicht übersehene Funde zurückgelangen – nun vollständig aus ihrem früheren Fundzusammenhang gelöst in einen neuen geraten. Oder wenn es bei einer Fortführung der Ausgrabungen schwieriger wird als erwartet, zu entscheiden, wo diese jüngere Rückverfüllung genau aufhört – und wo die archäologische Bodenbildung beginnt. Wie tief graben, wenn das Sediment sich kaum unterscheidet? Dank der ausführlichen Grabungsdokumentation sind Lage und Tiefe der einzelnen Schnitte zwar grundsätzlich leicht nachvollziehbar. Sicherheitshalber legen wir vor der Verfüllung in der Regel trotzdem eine eindeutig auszumachende Trennschicht an. Über dem letzten gereinigten und dokumentierten Planum breiten wir wasserdurchlässige Fließstoffe, sogenannte Geotextilien aus. Die darüber aufgeschüttete Schicht auffällig reinen Bausandes dürfte künftig hier grabenden Kolleginnen und Kollegen ein deutlicher Hinweis auf das Ende der Verfüllung und den folgenden Schichtenwechsel sein.

Wer ganz sichergehen will, markiert diese Trennschicht durch eigene eindeutig zu datierende Kleinfunde wie Münzen oder andere moderne Gegenstände, zum Beispiel aus Plastik. Das kann zusätzlich spannende zeitgeschichtliche Einblicke liefern: Bei der erneuten Untersuchung einer in den 1920er-Jahren von Carl Schuchhardt (ebenjener, der dem Kaiser das Pfostenloch erklärte) ausgegrabenen eisenzeitlichen Siedlung fanden wir in nicht eben geringer Zahl Flaschenverschlüsse aus Porzellan – für das leibliche Wohl der Grabungsmannschaft war seinerzeit also offenbar gesorgt.

Vor allem bei frei liegender beziehungsweise freigelegter Architektur, ob Tempelruine, antike Säulenreihe oder Megalithgrab, stehen sich oft das Bedürfnis, sie zu erhalten, und der Wunsch, sie zu präsentieren, gegenüber – längst sind archäologische Stätten auch international wichtige Tourismusziele. Mitunter kann das zu einem herausfordernden Spagat zwischen Konservierung des wissenschaftlichen Befunds auf der einen und Inszenierung eines wichtigen Zeitzeugnisses auf der anderen Seite führen. Spektakuläre archäologische Stätten wie beispielsweise die im Zustand des Jahres 79 n.Chr. erhaltene antike römische Stadt Pompeji, die nabatäische Felsenstadt Petra aus dem ersten Jahrhundert n.Chr. im heutigen Jordanien mit ihren aus dem roten Sandstein herausgemeißelten Grabtempelfassaden oder die gut 600 Jahre alten Inka-Ruinen von Machu Picchu in Peru sind Weltkulturerbestätten, die Millionen Besucher und Besucherinnen jedes Jahr anlocken. Bei der touristischen Erschließung solcher Plätze müssen Schutz und Erhalt der archäologischen Substanz bedacht und in der Entwicklung komplexer *Site Management-Pläne* berücksichtigt werden. Manchmal bedeutet das eben auch, den Publikumszugang zu beschränken, wie zum Beispiel im Falle des *Hypogäums* von Ħal-Saflieni auf Malta, um das empfindliche Mikroklima innerhalb des beeindruckenden unterirdischen Heiligtums aus dem vierten beziehungsweise dritten Jahrtausend v.Chr. zu gewährleisten.

Manche Befunde sind schließlich derart spannend, dass Baupläne angepasst und überarbeitet werden, um diese Überreste durch *achäologische Fenster* nachträglich in geplante Bauprojekte zu integrieren. So können Besucher im weitläufigen Hof eines modernen Apartmentkomplexes in Barcelona über die dort erhaltenen römischen Grabmonumente staunen, in der Athener U-Bahn ganze Stratigrafien hinter Glas studieren oder im Foyer eines Berliner Hotels die Grundmauern einer mittelalterlichen Lateinschule bewundern.

Nicht allein aber darauf, was wir *finden*, kommt es an, sondern viel mehr darauf, was wir *herausfinden* – so hat es der amerikanische Archäologe und Kurator des American Museum of Natural History David Hurst Thomas einmal sehr treffend auf den Punkt gebracht.

Ein wichtiger Teil der eigentlichen Arbeit fängt also erst nach der Grabung an, wenn wir die Befunde und Fundzusammenhänge, all die kleinen und großen Fundobjekte miteinander verbinden – um so mehr über sie und die Menschen, die sie einst angefertigt und genutzt hatten, herauszufinden. All diese Fundobjekte haben eine Geschichte zu erzählen. Und es ist an uns, sie zum Sprechen zu bringen. Dafür stehen der Archäologie und den zahlreichen Disziplinen, die in modernen interdisziplinären Forschungsgruppen zusammenarbeiten, eine ganze Reihe wissenschaftlicher Analysemethoden zur Verfügung. Gemeinsam weiterentwickelt, helfen sie uns nicht nur dabei, Antworten zu finden, sondern auch, völlig neue Fragen an das archäologische Material zu formulieren, die wir uns im Folgenden gemeinsam anschauen wollen.

Die Leben der Anderen

Am Anfang muss es dabei erst einmal darum gehen, was wir da eigentlich ausgegraben haben. Damit meine ich gar nicht einmal, dass wir schon sofort die einzelnen Objekte auch gleich im Detail auf ihre mögliche Funktion und Bedeutung hin überprüfen, sondern viel allgemeiner: Warum haben wir diese Dinge überhaupt genau dort gefunden? Archäologinnen und Archäologen kokettieren gelegentlich etwas flapsig damit, dass wir beruflich im Grunde im (ziemlich alten) Müll anderer Leute herumwühlen, um in deren Leben herumzuschnüffeln. Und so ganz falsch ist dieser Gedanke auch gar nicht.

Als entbehrlich entsorgte und zurückgelassene Gegenstände nämlich machen einen nicht unerheblichen Teil archäologischer Quellen aus. Viel seltener findet sich vergangener Alltag in all seinen Nuancen konserviert. Die antike römische Stadt Pompeji, die 79 n. Chr. durch den Ausbruch des Vesuv verschüttet wurde, ist einer der seltenen Fälle, wo sich uns ein solches Fenster öffnet. Ganze Straßenzüge, Wohnanlagen, Geschäfte und Gasthäuser sind unter der Vulkanasche erhalten geblieben – und in ihnen auch die unglücklichen Bewohner, die von der Katastrophe überrascht und aus dem Leben gerissen wurden. Noch heute fasziniert uns diese Vielfalt vergangenen Alltags, der uns in solcher Breite nur selten überliefert ist.

Viel häufiger, und das müssen wir bei der Interpretation solcher Befunde stets bedenken, handelt es sich bei archäologischen Funden um eine meist ganz bewusst getroffene Auswahl an Gegenständen. So finden sich an früheren Wohn- und Siedlungsplätzen vorrangig Speisereste, zerbrochenes Geschirr und andere unbrauchbar gewordene Gegenstände. In der Tat also: Abfall. Der Prähistoriker Hans-Jürgen Eggers hatte das einst als »negative Auslese« zusammengefasst. Gerade dieser Abfall kann uns jedoch viel über das Leben der Menschen verraten; welche Lebensmittel ihnen zur Verfügung standen zum Beispiel. Tierknochen geben Auskunft darüber, ob es in manchen Wohnquartieren besseres Essen gab als in anderen. Selbst die Beschaffenheit fein gearbeiteter oder eher schlichterer Keramikgefäße kann Hinweise auf die Lebenssituation früherer Bewohnerinnen sein. Der Aufbau einer Siedlung und die Lage der dort freigelegten Wohnhäuser, Mauern, Vorratsspeicher oder abgegrenzter Areale mit einem besonders monumental in Erscheinung tretenden Bauwerk (Palast oder Tempel?) vermögen einiges darüber zu sagen, wie die Gesellschaft jenes Ortes aufgebaut war.

Bei Gräbern hingegen liegt, um bei Eggers zu bleiben, eine positive Auslese vor. Hier waren es vielleicht religiöse oder gesellschaftliche Traditionen, die bestimmten, was mit ins Grab gegeben wurde – und was eben nicht. Ein Krieger aus der Bronzezeit beispielsweise, der etwas auf sich hielt, wollte sich wahrscheinlich auch im Jenseits durch seine Waffe repräsentiert wissen. Jedenfalls deuten die zahlreichen Schwertfunde in frühbronzezeitlichen Bestattungen in weiten Teilen Europas darauf hin. Insbesondere jene waffenfüh-

Vor allem drei große Quellengattungen bestimmen das archäologische Material, mit dem wir uns auseinandersetzen: Während wir in Siedlungen als unbrauchbar zurückgelassene Gegenstände finden, wurden die Inhalte von Gräbern und Deponierungen meist bewusst und sorgfältig zusammengestellt.

renden Männer im heutigen Dänemark fanden selbst dann noch eine Möglichkeit, diesem Repräsentationsbedürfnis nachzukommen, als im übrigen Europa solche Beigaben mit der Einführung der Brandbestattung gegen Ende des zweiten Jahrtausends v. Chr. erst einmal aus der Mode kamen: Sie ließen sich kurzerhand mit kleinen symbolischen Miniaturschwertern bestatten, von denen einige besonders detaillierte Exemplare heute im dänischen Nationalmuseum in Kopenhagen ausgestellt sind.

Solche Traditionen beschränken sich aber nicht nur auf die Auswahl der Grabbeigaben oder die Grabarchitektur, sondern zeigen sich bereits auch bei der Entscheidung, ob die Körper Verstorbener eben verbrannt, vollständig oder gar mumifiziert zur letzten Ruhe gebettet werden, allein in einem Grab oder gemeinsam mit anderen. Ja, ob sie überhaupt bestattet werden. Denn aus einigen Perioden der Menschheitsgeschichte sind uns erstaunlich wenige Gräber bekannt.

Die Zahl der Bestattungen, die wir zum Beispiel aus der Altsteinzeit kennen, ist alles andere als repräsentativ, selbst wenn wir von einer deutlich geringeren Population ausgehen. Offenbar war diese Form der Bestattung nur bestimmten Individuen vorbehaltenen – was mit den anderen Toten geschah, wissen wir schlicht nicht. Interessanterweise zeigen viele der aus dieser Zeit bekannten Bestatteten auffällige körperliche Besonderheiten, wie die vor etwa 25 000 Jahren im tschechischen Dolní Věstonice unter zwei Mammutschulterblättern zur letzten Ruhe gebettete Frau, deren Gesicht infolge einer früheren Verletzung deformiert war. Oder das etwa zur gleichen Zeit in Portugal bestattete »Kind von Lagar Velho«, dessen ungewöhnlicher Körperbau und kurze Gliedmaßen gar als Hinweis auf eine mögliche Abstammung von Neandertalern[26] diskutiert wurden. Auch die in einer etwa fünftausend Jahre älteren Doppelbestattung gefundenen Überreste zweier Kinder im russischen Sungir, eines mit deutlich vorgeschobenem Kiefer, das andere mit ungewöhnlich kurzen und gekrümmten Oberschenkeln, zeigen solche Auffälligkeiten.

Andere Bestattungsrituale wiederum haben am Ende womöglich nur wenige oder gar keine archäologischen Spuren hinterlassen, wenn die Körper Verstorbener beispielweise Flüssen, Seen oder dem Meer anvertraut wurden.

Schon weil Gräber weniger Selbstdarstellung der Verstorbenen (deren Einfluss sie sich ja dann doch meistens entziehen) als vielmehr eine Inszenierung der Hinterbliebenen sind, erzählen uns Bestattungen oft mehr über die Gemeinschaft, in der sie lebten, als über die oder den einzelnen Toten selbst. Das Grab ist mit seiner Auswahl bestimmter Beigaben also weniger »Spiegel des Lebens«, sondern eher ein Zerrspiegel, der uns nur zeigt, was diese Gemeinschaft uns sehen lassen wollte.

Ein Schwert im Grab kann natürlich anzeigen, dass der Verstorbene zu Lebzeiten ein Krieger war. Womöglich kommt dem Schwert oder anderen Gegenständen wie ausgewählten Schmuckstücken in manchen Gesellschaften aber auch eine besondere Bedeutung als Herrschaftssymbol zu. Dann soll deren Beigabe diese Toten vielleicht als besondere Persönlichkeiten auszeichnen, also deren soziale Rolle in der Gemeinschaft zum Ausdruck bringen. Die Waffenbeigabe in einem Kindergrab beispielsweise könnte in diesem Zusam-

---

26 Die allerdings zu diesem Zeitpunkt in Europa schon bald 15 000 Jahre ausgestorben waren.

menhang womöglich eher auf einen solchen gesellschaftlichen Status zurückgehen, ohne auf eine tatsächlich auch »gelebte Kriegeridentität« hindeuten zu müssen.

Anders verhält es sich mit der dritten archäologischen Quellengattung, obwohl sie ebenfalls eine im Grunde positive Auswahl darstellt. Denn auch sogenannte *Hortfunde* sind absichtlich deponierte Gegenstände. Einzeln oder gleich zu mehreren im Boden vergraben oder in Gewässern und Mooren versenkt, werden sie (zumal in letzteren Fällen, weil sie kaum wiederzubeschaffen sind) mit kultischen Opfern in Verbindung gebracht; Gaben, die den Göttern danken oder sie gewogen halten sollten. So wird es zum Beispiel für die zahlreichen eisenzeitlichen Waffenfunde im Illerup Ådal in Dänemark aus der Zeit zwischen 200 und 450 n. Chr. angenommen: Offenbar haben einheimische germanische Stämme hier nach großen Schlachten wiederholt die Ausrüstung besiegter Gegner (und, wie weitere Funde zeigten, auch einige dieser Gegner selbst) im Moor versenkt. Bei anderen *Deponierungen*, die leichter wieder hervorzuholen waren, könnte es sich auch um in unsicheren Zeiten versteckte Wertgegenstände handeln, die eigentlich zu einem späteren Zeitpunkt hätten geborgen werden sollen – ganz offensichtlich nicht immer erfolgreich.

Dass sich beispielsweise in bronzezeitlichen Depotfunden besonders häufig die gleichen, oft nicht einmal fertig polierten Beile und Äxte in großer Zahl oder unterschiedliche Bruchstücke allerlei Altmetalls finden, könnte dafür sprechen, dass reisende Händler oder Handwerker womöglich vor der ersten Stippvisite in einer Siedlung ihre Waren und Rohmaterialien erst einmal im Verborgenen ablegten. Folgt man dieser Deutung, scheinen da gemessen an der Zahl entsprechender archäologischer Funde allerdings einige Handlungsreisende, warum auch immer, offenbar nicht wieder zu ihren Depots zurückgekehrt zu sein.

Blieben noch all jene Funde und Befunde, die sich nicht recht in dieses Schema einordnen lassen. Der Mensch ist ein ebenso vielseitiges wie merkwürdiges Wesen, das Gegenstände und Kunstwerke aus allen erdenklichen Gründen erschafft – und sei es nur zum Selbstzweck, um der Kunst willen. Für Archäologinnen und Archäologen, die all diesen Äußerungen einen Sinn zu geben versuchen, kann das eine ziemliche Herausforderung sein, weshalb wir uns vielleicht nicht einmal so ausnahmsweise, wie wir selbst gern wollten oder glaubten, auf eher vage Verlegenheitsdeutungen von »Kultstätte« bis »Ritualplatz« zurückziehen (müssen).[27] Dass wir schlicht nicht immer alles wissen und eben nicht alle Fragen erschöpfend beantworten können, ist daher eine wichtige Erkenntnis im Umgang mit archäologischen Quellen.

Lasst Funde sprechen

Ja, ein bis zwei oder fünf Mal war bisher bereits die Rede davon, dass der archäologische Befund, der Fundkontext, viel detailliertere Informationen über dessen Vergangenheit preisgibt, als es das einzelne Fundobjekt allein je könnte. Das bedeutet aber nicht, dass diese Funde selbst uninteressant wären. Ganz im Gegenteil ist gerade *der Fund in seinem Kontext*

---

27 Generationen von Studierenden werden das nur halb ironische Archäologen-Bonmot »Was ich nicht erklären kann, das sehe ich als kultisch an« im einen oder anderen Einführungskurs gehört haben.

die eigentliche archäologische Quelle. Deshalb müssen wir uns natürlich auch all den Steingeräten, Bronzewaffen, Goldschmuckstücken, Keramikscherben, Muschelperlen, Holzartefakten, Tierknochen und menschlichen Überresten im Detail widmen.

Da das während der Ausgrabung geborgene und anschließend gereinigte und sortierte Fundmaterial üblicherweise in Museen vor Ort bleibt oder zentral von Antikenbehörden oder Denkmalämtern eingelagert wird, folgen auf Grabungskampagnen nicht selten eine ganze Reihe sogenannter *Fundaufnahmekampagnen*. Dann packen wir all die Fundkisten wieder aus, breiten Fundtüten auf Arbeitstischen aus und nehmen Objekt um Objekt gründlich unter die Lupe. Was in manchen Fällen wörtlich zu verstehen ist, denn bei diesem ausführlichen Fundstudium geht es um jedes Detail.

Nicht immer sind es die Ausgräberinnen selbst, die an frühere Wirkungsstätten zurückkehren, denn die Fundaufnahme ist zugleich auch die Stunde von Spezialisten. Es wäre zwar wünschenswert, wenn diese Untersuchungen immer auch unmittelbar oder wenigstens zeitnah nach den Ausgrabungen stattfänden, um mit den Ergebnissen aktuelle Forschungsdiskussionen zu bereichern. Aber erstens kann es ziemlich lange dauern, einige Tausend Feuersteinartefakte kritisch von allen Seiten zu studieren, zu zeichnen und zu fotografieren. Und zweitens ist das mit der Aufarbeitung so eine Sache, wenn sich bereits randvoll gepackte Kisten in den Funddepots stapeln und beständig neue obendrauf kommen. Das bedeutet dann leider schon mal, dass die umfangreiche Scherben- und Gefäßsammlung einer Ausgrabung so lange in Kellerregalen wartet, bis eine Doktorandin sie für ihre Arbeit über »Die kerbschnittverzierte Keramik des norddeutschen Tieflands im Spiegel technisch-sozialer Innovation« aus dem Dornröschenschlaf weckt.

Da es tatsächlich ein Problem ist, wenn immer mehr Material zwar ausgegraben und dokumentiert, aber eben nicht vollständig ausgewertet wird, ist die Aufarbeitung solcher *Altfunde* und *Altgrabungen* ein ebenso wichtiges Anliegen moderner archäologischer Forschung. Im Zweifelsfall wird dem sogar der Vorzug vor der Anhäufung immer neuer Funde gegeben. Nur ist das eben, gerade bei notwendigen Rettungsgrabungen, nicht immer auch so einfach in die Realität umgesetzt wie gedacht. Wenn dann aber so eine Fundaufnahme stattfindet, dann richtig. Und gründlich.

Keramik, vor allem in Form von Scherben, sehr vielen Scherben, macht dabei besonders oft den größten Fundanteil auf Ausgrabungen aus.[28] Das hängt zum einen damit zusammen, dass sich gebrannter Ton in (fast) allen denkbaren Fundumgebungen gut erhält, zum anderen aber auch damit, dass Gefäßkeramik in so vielen Formen vorkommt und so viele Möglichkeiten der Anwendung bietet, dass sie aus dem Alltag eigentlich kaum wegzudenken ist. Und dazu kommen dann noch allerlei andere Dinge, Löffel, kleine Figurinen oder Hausmodelle zum Beispiel, die sich ebenfalls aus Lehm und Ton formen lassen.

Und weil das Aussehen von Keramikgefäßen nicht nur von deren Funktion abhängig ist, sondern auch von den ästhetischen Vorlieben ihrer Hersteller und Nutzerinnen und

---

28 Abgesehen von Fundplätzen, die so alt sind, dass sie in die Zeit noch vor der Erfindung von Gefäßkeramik datieren – im Vorderen Orient war das in der Jungsteinzeit vor etwa acht- bis zehntausend Jahren der Fall, nach Europa gelangte dieses Wissen wenig später. Entsprechende Gefäßfunde aus Nordostasien könnten gar bis zu 18 000 Jahre alt sein.

weil diese Vorlieben sich mit der Zeit wandeln, bietet die Vielfalt an Keramikfunden oft Anhaltspunkte für die zeitliche Einordnung von Befunden und Fundplätzen. Für bestimmte Zeitabschnitte typische Gefäßformen und Verzierungen können außerdem von Kontakten und Beziehungen zwischen einzelnen Orten und ganzen Regionen berichten. Römische Amphoren beispielsweise waren eine der Standardverpackungen und genormten Maßeinheiten in der Antike für Lebensmittel wie Olivenöl oder Wein. Stempelmarkierungen geben oft Auskunft über deren Herkunft, gelegentlich überlieferte Farbaufschriften erzählen vom Inhalt, von dem manchmal sogar Rückstände erhalten geblieben sind. Zuhauf in antiken Mülldeponien, unter Grabbeigaben und selbst auf Schiffswracks über das frühere Territorium des Imperium Romanum verteilt, zeichnen diese Amphoren Handelsrouten nach und zeigen, wer sich teuren Wein leisten konnte und wie beliebt die (für den heutigen Geschmack eher gewöhnungsbedürftige) fermentierte römische Fischsoße *Garum* in den verschiedenen Gebieten des Reiches und seiner Nachbarn tatsächlich war.

Dafür müssen die entsprechenden Gefäßformen erst einmal in der Fülle des Materials ausfindig gemacht und identifiziert werden. Geübte Keramikbearbeiter suchen deshalb zunächst nach sogenannten *diagnostischen Scherben* – das sind solche, die mehr über das ursprüngliche Gefäß verraten können, Boden- und Randscherben beispielsweise oder welche mit auffälligen Ornamenten. Nicht immer lassen sich ganze Gefäße rekonstruieren, oft fehlen im jahrhunderte- oder jahrtausendealten Abfall viele Puzzleteile. Aber Rand und Boden können meistens immerhin Auskunft über Form und Größe der ursprünglichen Gefäße geben. Sie helfen auch dabei, die

Masse an Scherben zu überblicken, weil sie zumindest eine Ahnung davon vermitteln, wie viele Töpfe und Teller, Schalen und Tassen sich mindestens in den Fundkartons verbergen.

Die Stücke werden nach Farbe und Material sortiert, nach grob gearbeiteten Kochgefäßen und feinem Geschirr unterschieden und nach Verzierungen gegliedert. Gleichmäßig umlaufende Drehrillen verraten die Verwendung einer Töpferscheibe, Mineralieneinschlüsse oder organische Reste zeugen davon, dass zur besseren Verarbeitung des Tons andere Stoffe beigemengt wurden; die Farbe der Scherben gibt Aufschluss darüber, ob die Gefäße unter Sauerstoffzufuhr oder -entzug gebrannt wurden. So formt sich im Laufe der Fundaufnahme und in Verbindung mit den dokumentierten Informationen über den ursprünglichen Fundzusammenhang ein zunehmend konkreteres Bild und besseres Verständnis dieser Funde – und deren früheren Gebrauchs vor Ort.

Auch den anderen Fundgruppen widmen sich ausgebildete Fachleute. Die *Lithik*-Spezialistinnen beschäftigen sich in ihren Studien mit den Feuer- und Felsgesteingeräten. Sie studieren ebenfalls die verschiedenen Formen und können die Fundstücke je nach Funktion in unterschiedliche Gruppen einteilen: Klingen zum Schneiden und solche zum Schaben, Pfeil- und Speerspitzen, Bohrer, Hammersteine, Steinbeile und so weiter. Sie können anhand der Bearbeitungsspuren feststellen, in welchen Schritten ein solches Gerät hergestellt wurde, und im übrigen Fundmaterial sogar den dabei entstandenen Abfall und Reste, sogenannte *Abschläge* und *Kerne*, identifizieren.

Manchmal, wenn das entsprechende Gerät beispielsweise vor Ort hergestellt wurde und all diese Überreste noch vorhanden sind, können sie daraus sogar die Größe der ur-

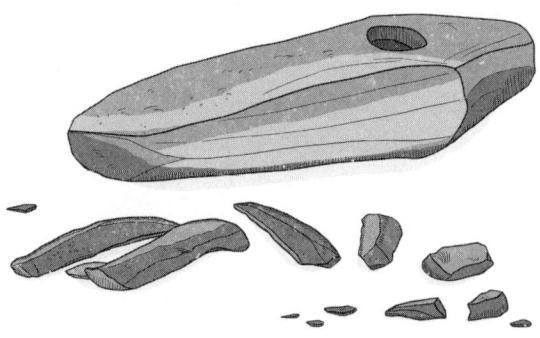

sprünglich verwendeten Feuersteinknolle rekonstruieren. Für die Einordung des Grabungsplatzes ist es natürlich spannend, auf diese Weise zum Beispiel Bereiche mit regelrechten »Steingerätewerkstätten« ausfindig machen zu können.

Auch solche Steingeräte können anhand charakteristischer Formen verschiedenen Zeitabschnitten und Regionen zugeordnet werden, sie lassen sich mittels des verwendeten Materials unterscheiden, bei Feuerstein je nach mineralogischer Zusammensetzung oft auch in der Farbe. Das kann ein Hinweis zum Beispiel auf die Herkunft des verwendeten Rohmaterials sein – von Helgoland etwa stammt ein seltener roter Feuerstein, der seine Farbe eingelagerten Eisenverbindungen wie Hämatit verdankt. Noch heute wird er vor Ort zu Schmuck verarbeitet, doch schon in der Stein- und Bronzezeit sind daraus auch Steinbeile und -klingen gefertigt worden, die bis nach Schweden und in die Niederlande gelangten.

An manchen Feuersteinklingen fällt mitunter deren stark glänzende Oberfläche auf – ein Hinweis auf die frühere Verwendung der entsprechenden Geräte: Sogenannter *Sichelglanz* beispielsweise entsteht durch eine Reaktion der Feuersteinoberfläche nach Kontakt mit kieselsäurehaltigen Gräsern, unter anderem beim Schneiden von Getreide. Bei guten Bedingungen erhält sich gelegentlich noch ein Knochen- oder Holzrest von ursprünglichen Griffen oder Schäftungen, mit viel Glück sogar Birkenpech oder andere Klebstoffe, mit denen diese fixiert waren.

Mahl- und Reibsteine und viele der übrigen aus Gestein, Holz, Knochen oder anderem Material gefertigten Gegenstände werden bei der Fundaufnahme nicht nur unter der Lupe, sondern auch unter dem Mikroskop auf Herstellungs- und Gebrauchsspuren untersucht. Metallobjekte aus Kupfer, Bronze, Eisen, Silber oder Gold müssen je nach Zustand unter Umständen zunächst konservatorisch behandelt und mit entsprechender Vorsicht untersucht werden. Auch hier werden vollständig erhaltene Gegenstände und Bruchstücke getrennt. Handelt es sich dabei um Abfall, der vielleicht gesammelt wurde, um das kostbare Material zu recyclen und erneut einzuschmelzen? Oder steckt hinter den Bruchstücken ein Maßsystem, das bestimmte Mengen oder Gewichtseinheiten repräsentiert? Die detaillierte Erfassung von Abmessungen und Gewichten aller entsprechenden Funde kann hier unter Umständen Aufschluss geben.

Auch Metallobjekte können nach Funktion und Form geordnet werden: Herstellungstechnik und Ornamente erlauben Rückschlüsse auf Ort und Zeit ihrer Produktion. Gussfehler und Werkzeugspuren verraten, wie sie in Formen gegossen oder in Form gehämmert wurden. Material und Nachbearbeitung können Hinweise darauf geben, ob Beile, Sicheln und Ringe wirklich funktionale Gegenstände, Geräte und Schmuck, waren oder vielleicht einfach genormte Formen, Barren vergleichbar, für den besseren Transport und eine leichtere Handhabung. Abnutzung und Reparatur oder die Nachschärfung von Schwertklingen können vom tatsächlichen Einsatz als Waffe zeugen, ihr Fehlen wirft interessante Fragen auf: Wurden solche Schwerter dann anders verwendet? Handelt es sich hier vielleicht um Status- oder Machtsymbole, insbesondere wenn solche Funde aus Bestattungen stammen?

Sofern in diesen Bestattungen auch menschliche Knochen gefunden wurden, können Anthropologinnen vielleicht dabei helfen, mehr über die dort beerdigten Personen herauszufinden. Sie ordnen nicht nur sämtliche menschlichen Überreste, sie *ordnen* sie auch *ein*. Die anthropologischen Untersuchungen geben Auskunft darüber, ob ein Grab eine oder mehrere Personen beinhaltete. Wie alt sie geworden sind, ob es sich um Frauen oder Männer, Jungen oder Mädchen gehandelt hat. Die über bestimmte, vermeintlich geschlechtsspezifische Beigaben wie Waffen oder Schmuck vorgenommene archäologische Geschlechtsbestimmung nämlich kann da mitunter gehörig danebenliegen – und zeigt, auf welch wackeligen Füßen unser Verständnis komplexer sozialer Geschlechterrollen auch mit Blick in die fernere Vergangenheit steht.

Bei Skelettfunden kann das biologische Geschlecht erwachsener Individuen aus Form und Größe des Beckens sowie aus anatomischen Details des Schädels geschlossen werden. Für die Schätzung des Alters werden Statur und Gelenkabnutzungen herangezogen und mit Aufzeichnungen zu bekannten Altersverteilungen verglichen. Bei Kindern und Jugendlichen geben unter anderem Zahnentwicklung und Wachstumsfugen an den Knochen Aufschluss über das Alter. Die biologische Geschlechtsbestimmung ist hier schwieriger, weil sich die entsprechenden Merkmale am Skelett erst nach der Pubertät voll ausbilden. Einen Hinweis kann zwar die Entwicklung der Zähne im Vergleich zum restlichen Skelett geben, aber für eine genaue Aussage braucht es eine Laboruntersuchung: Dafür wird, sofern erhalten, das Erbgut in den Knochen analysiert; bei ungenügender DNA-Erhaltung können mit einer neuen Methode inzwischen auch geschlechtsspezifische Aminosäureverbindungen im Zahnschmelz analysiert werden.

Körperbau und Zähne erlauben außerdem Rückschlüsse auf die Ernährung und zusammen mit Hinweisen auf Knochenwachstum, Erkrankungen und Verletzungen auf die Lebensumstände früherer Menschen. Körperliche Besonderheiten, Behinderungen, verheilte Brüche und überstandene Krankheiten können viel darüber verraten, wie eine Gemeinschaft mit schwächeren Mitgliedern umgegangen ist, und so indirekt Einblick auch in Gesellschaft und Alltagsleben geben. Denn wenn, wie eine 4000 Jahre alte Bestattung aus Mán Bạc in Vietnam zeigt, ein junger Mann lange Jahre mit einer Querschnittslähmung lebte, dann bedeutet das auch, dass die Gruppe sich um ihn gekümmert und ihn versorgt haben muss. Ein anderer junger Jäger hat vor etwa 30 000 Jahren auf der heutigen Insel Borneo dank entsprechender Pflege nicht nur die fachkundige Amputation seines linken Beins im Kindesalter ohne Infektion überlebt, sondern auch als in seiner Mobilität stark eingeschränkter Erwachsener in der bergigen Region. Und was auch immer dem kleinen Neandertaler, der vor gut 50 000 Jahren in Shanidar im heutigen Irak lebte, als Kind zugestoßen ist, die Knochen- und Schädelbrüche, der Verlust seines rechten Unterarms, eines großen Teils seines Gehörs und seiner Sehkraft waren kein Todesurteil. Auch seine Gruppe sorgte für ihn. Ernährte und beschützte ihn, der sich wahrscheinlich nur humpelnd fortbewegen konnte, vor wilden Tieren und anderen Gefahren. Als er schließlich mit über 40 Jahren starb, hatte er ein für seine Zeit hohes Alter erreicht.

Die ausgegrabenen Tierknochen wiederum fallen in das Arbeitsgebiet der Archäozoologie, die mithilfe von Vergleichssammlungen und viel Erfahrung der beteiligten Forschenden die einst am Grabungsplatz vertretene Tierwelt rekonstruiert.

Dafür müssen zunächst einmal die verschiedenen Tierarten, von denen diese Knochen stammen, bestimmt werden, um dann festzustellen, wie viele davon unterschiedlichen Individuen zugeordnet werden können. Neben kleinen Nagern, Rabenvögeln und anderen Tieren, die sich als *Kulturfolger* dort ansiedeln, wo Menschen mit ihren Essensabfällen oder Vorräten ein üppiges Nahrungsauskommen versprechen, können wir so auch einen Blick auf den Speiseplan vergangener Zeiten werfen. Muschelschalen und ähnliche Abfälle deuten wie die vorhandene Knochenauswahl nicht nur darauf hin, welche Tiere, sondern auch welche Teile eines Tieres verwertet worden sind. Weil sich anhand des Knochenmaterials Wildformen von domestizierten Tieren unterscheiden lassen, erfahren wir, welche Jagdbeute über den Feuern geröstet und welche Nutztiere in den Ställen gehalten worden sind, wann der Mensch den Wolf zum »besten Freund« gezähmt hat (vor mindestens 15 000 Jahren) und die Vorfahren der Hauskatze den Menschen zum Dienstboten gemacht haben (vor wohl 8 000 Jahren). Die Überreste von Käfern und Schneckenhäusern verraten, in welchen Zeiträumen sich Bodenschichten abgelagert haben und wann sie, längere Zeit vom Menschen unberührt geblieben, diesen Tierchen einen Rückzugsraum boten.

Zusammen mit den Untersuchungsergebnissen der archäologischen Pflanzenreste öffnet sich uns so ein Fenster in die Lebenswelt der Vergangenheit. Mithilfe von Samen, Pollen und Hölzern können Archäobotanikerinnen die frühere Vegetation im Umfeld der Ausgrabung rekonstruieren und zeigen, welche Wild- und Nutzpflanzen eine Rolle im Leben der damaligen Bewohnerinnen und Bewohner gespielt haben. Vor allem Pollen, deren Analyse sich mit der *Palynologie* ein eigener disziplinärer Zweig widmet, sind wichtige Anzeiger früheren Landschaftswandels. Weil sie aufgrund ihrer charakteristischen Form gut zu identifizieren sind, dokumentiert ihr Vorhandensein in bestimmten Fundschichten die Pflanzenvielfalt im Zeitraum deren Entstehung. Dazu werden die in den Proben vorhandenen Pollenkörner unter dem Mikroskop gezählt und, ebenfalls mithilfe von Vergleichssammlungen Gattung und Art des jeweiligen Blütenstaubs bestimmt. So erfahren wir, welche Pflanzen die Menschen einst an den verschiedenen Fundorten angebaut, gegessen und für andere Zwecke genutzt haben. Und auch, wie sie damit ihre Umwelt formten. Denn Umweltveränderung bedeutet in ganz besonderem Maße Veränderung der Vegetation – zu der auch wir Menschen beträchtlich beigetragen haben (und noch immer beitragen): durch Rodung und Abholzung ebenso wie durch

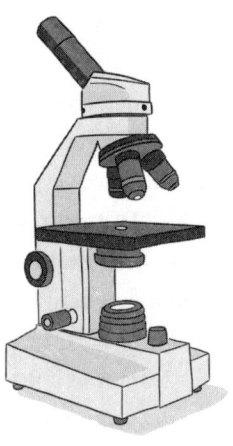

Kultivierung und Anbau bestimmter Pflanzenarten. Wegen der engen Beziehung zwischen Vegetation und Klima wiederum ist es uns möglich, mit der Untersuchung archäologischer Pflanzenreste außerdem auch Klimaveränderungen der Vergangenheit zu rekonstruieren.

Mit dem eingehenden interdisziplinären Studium der verschiedenen Fundgruppen und einzelner Funde können wir der umfangreichen Grabungsdokumentation weitere Kapitel hinzufügen, die dabei helfen, die freigelegten Befunde einzuordnen und die Geschichte eines Platzes und seiner früheren Bewohner nachzuvollziehen. Für viele dieser Untersuchungen kehren Archäologinnen und Spezialisten nach der Ausgrabung zu den gesammelten Funden zurück. Für andere Analysen, wenn es spezialisierter Laboratorien oder einer entsprechenden mobilen technischen Ausstattung bedarf, können aber auch schon einmal diese Funde auf Reisen gehen.

Die Vermessung
der Vergangenheit

Welchen Namen der Patient denn habe, wollte der freundliche Mann im OP-Kasack wissen, der uns in dem modernen Krankenhaus in der südostanatolischen Großstadt unweit unseres steinzeitlichen Grabungsplatzes empfängt. Mein Kollege und ich schauen uns kurz irritiert an. Darüber hatten wir nicht nachgedacht, auf dem Zettel stand lediglich eine Nummer. Der Arzt schaut vom Computer auf und schiebt gleich die nächste Frage hinterher: Wie alt ist er denn? 12 000 Jahre, antworten wir. Ungefähr. Das würde das System nicht annehmen, murmelt er – und gibt ein Fantasiedatum ein. Vorsichtig holen wir den »Pa-

tienten« aus der Transportbox. *Der Mann im blauen Kittel trägt ihn in den Nachbarraum, wo er den etwa faustgroßen Knochen ebenso behutsam auf den Tisch des Computertomografen legt. In dem kleinen Untersuchungsraum herrscht ziemliches Gedränge. Fast konnte man meinen, beinahe jede Ärztin und jeder Pfleger der Station wollte einen Blick auf den ungewöhnlichen Patienten werfen.*

Dass wir solch ein Spektakel auslösen würden, hatten wir nicht erwartet, als wir wenige Tage zuvor hier angerufen hatten. Mit einer, zugegeben, recht ungewöhnlichen Frage. Wir wollten gern eine Röntgenaufnahme anfertigen lassen, stellten wir uns vor. Und mussten dann etwas weiter ausholen. Mussten erklären, dass wir da diesen Auerochsenknochen auf einer archäologischen Ausgrabung gefunden hätten. Und dass darin offenbar ein Feuerstein steckte. Womöglich eine Pfeilspitze, aber da wären wir nicht sicher. Deshalb ja auch die Anfrage wegen der Röntgenuntersuchung. Es dauerte nicht lange, und wir hatten den zuständigen Radiologen am Apparat. Der war sofort Feuer und Flamme. Archäologe hätte er ja auch einmal werden wollen, als er noch klein war. Den Knochen zu röntgen, würde er allerdings nicht empfehlen. In die enttäuschte Stille schob er rasch hinterher, eine Computertomografie-Aufnahme sei da wahrscheinlich zielführender, denn die könne im Gegensatz zu einer einzigen zweidimensionalen Röntgenaufnahme gleich mehrere Schnittbilder durch das Objekt produzieren.

Deshalb also schauen wir nun gebannt auf die schwarz-weißen Aufnahmen, die über den Bildschirm flackern – ohne dass wir allerdings irgendein Detail ausmachen könnten. Nach ein paar Minuten schon ist das Spektakel vorüber. Während wir gemeinsam mit dem Arzt rasch noch einmal die Bildreihe durchblättern – wie tief steckt der Feuerstein denn nun drin? –, kehrt auch

*der untersuchte Knochen in unsere Obhut zurück, sorgfältig in
seine Box verpackt. So einen Patienten hätte er auch nicht alle
Tage, lacht der Mann im blauen OP-Anzug, als er uns zum Ab-
schied oben auf die Knochenkiste auch noch eine CD-ROM mit
den gespeicherten Tomografie-Aufnahmen legt. Die wollen wir
uns zurück im Grabungshaus noch einmal in aller Ruhe genauer
anschauen – und sollten später feststellen, dass da tatsächlich
ein abgebrochenes Projektil in der Auerochsenschulter steckte. Ein
Fehlschuss, denn die Knochenstruktur hatte bereits begonnen,
sich wieder zu regenerieren. Da wir den Knochen allerdings zwischen den alten Speiseabfällen auf der Grabung gefunden hatten,
waren am Ende wohl doch nicht alle Begegnungen mit den
steinzeitlichen Jägern für das Tier so glimpflich ausgegangen.*

Solche oder vergleichbare bildgebende Verfahren sind gar
nicht so ungewöhnlich bei der Untersuchung archäologischer Fundstücke: von der klassischen Röntgenuntersuchung
und Computertomografie mit Röntgenröhren bis hin zur
modernen Magnetresonanztomografie mittels eines künst-
lich erzeugten Magnetfelds, das in Körpern je nach deren Zusammensetzung verschieden starke Reaktionen und messbare Signale auslöst. Sie kommen dann zum Einsatz, wenn
Einblicke auf anderem Wege kaum ohne Beschädigungen
möglich wären. Tomografen erlauben Forscherinnen und
Forschern in ansonsten verschlossene Behältnisse wie versie-
gelte Sarkophage oder Mumienbündel zu schauen, ohne die
empfindlichen Funde zu gefährden. Wo in der Vergangenheit zerbrechliche Papyrusrollen beim Versuch, sie zu öffnen,
auseinanderfielen, können sie heute mithilfe spezieller Rönt-
genverfahren gelesen werden – und müssen dafür nicht einmal aufgerollt werden. Wir können die Griffbefestigungen

bronzener Schwerter studieren, ohne sie zu zerlegen, und erkennen, dass der ursprüngliche Kalksteinkern unter der Gipsoberfläche der ägyptischen Nofretete-Büste doch etwas kantigere Züge aufweist als das idealisierte, kunstvoll modellierte fertige Gesicht, das uns noch heute in den Bann zieht.

Längst haben breit gefächerte naturwissenschaftliche Analysemethoden ihren festen Platz im archäologischen Werkzeugkasten gefunden, wo sie als *Archäometrie* einen eigenen Zweig angewandter Forschung innerhalb der Altertumswissenschaften bilden. Die aus Chemie und Physik, den Biowissenschaften, Mineralogie und Materialwissenschaft entlehnten Methoden sind aber nicht einfach nur Hilfsmittel, um kulturwissenschaftliche Fragen auch aus anderem Blickwinkel zu adressieren, sondern eigenständige Forschungsbereiche, die ihrerseits neue Verfahren anstoßen und weiterzuentwickeln helfen.

Nicht immer sind diese Untersuchungen allerdings so wenig invasiv wie bildgebende Verfahren. Manche Analyse »verbraucht« die getestete Probe – die deshalb mit Bedacht und sparsam ausgewählt wird und in der Regel nur durch Aussicht auf verwertbare Resultate und neue Erkenntnisse gerechtfertigt ist. Dass dieser Materialverbrauch immer weiter reduziert werden konnte, macht heute Untersuchungen möglich, die noch vor wenigen Jahren ungleich aufwendiger oder undenkbar gewesen wären.

Wo mikroskopische Materialuntersuchungen Aufschluss über auf der Oberfläche hinterlassene Bearbeitungs- und Abnutzungsspuren geben, können andere Methoden heute noch tiefer in die Substanz eindringen. Gänzlich zerstörungsfrei arbeitet dabei auch die *Röntgenfluoreszenzanalyse* (RFA oder nach der englischen Bezeichnung oft auch XRF abgekürzt) zur Bestimmung der chemischen Zusammensetzung von Keramik und Metallobjekten, Glas, Gesteinen oder Sedimentproben. Angeregt durch Röntgenstrahlung werden in der Materialprobe Elektronen in Bewegung und damit Energie freigesetzt, die in Form von Licht abgegeben wird – in für jedes Element ganz spezifischer Fluoreszenzstrahlung. Deren Intensität kann gemessen und ausgewertet, die entsprechenden Elemente auf dieser Grundlage identifiziert werden. Das Ergebnis ist ein charakteristischer geochemischer Fingerabdruck für die jeweilige Probe. Der technische Aufbau kann mittlerweile auf so kleinem Raum untergebracht

werden, dass mobile Röntgenfluoreszenzgeräte (die ein wenig an die Handphaser von Captain Kirk und Co. erinnern) eine breite Anwendung auch außerhalb von Laboren möglich machen. Bis hin zum unmittelbaren Einsatz bei der Fundaufnahme, auf der Grabung oder im Museum.

Auch mithilfe eines *Massenspektrometers* (das wiederum eher so aussieht, als würde Scotty im Maschinenraum der Enterprise daran herumschrauben) kann die elementare Zusammensetzung von Funden ermittelt werden – mit einem größeren Spektrum nachweisbarer Elemente. Dazu werden von der zu untersuchenden Probe zunächst wenige Moleküle abgetragen, »verdampft« – also in einen gasförmigen Zustand überführt – und »ionisiert«, ihre ursprünglich neutrale wird in eine positive Ladung verändert. Anschließend werden diese Ionen in einem elektrischen Feld beschleunigt, in einem Magnetfeld nach ihrer Masse sortiert und diese jeweiligen

Massen am Ende von Detektoren gezählt. Aus dem Verhältnis von Masse und Ladung kann schließlich in der computergestützten Auswertung dieser Daten auf die ursprünglich getesteten Moleküle geschlossen werden.

Das ist deshalb so interessant für die Archäologie, weil sich Häufigkeit und Verhältnis bestimmter Atomarten eines Elements (deren *Isotopen*) je nach Region unterscheiden. Für Metallobjekte können wir so die ausgebeuteten Lagerstätten und die mögliche Herkunft von Rohstoffen näher bestimmen oder uns über die Analyse bestimmter Muster von Spurenelementen fragen, ob womöglich »Altmetall« eingeschmolzen und recycelt wurde. Äußerlich identische Keramikgefäße unterschiedlicher Fundorte wiederum können über die Zusammensetzung des verwendeten Tons und seiner Beimengungen der gleichen oder vielleicht ganz unterschiedlichen Herkunftsregionen zugeordnet werden, was etwas über den Austausch von Ideen, Handelskontakte oder andere Formen kultureller Interaktion erzählt.

So finden sich zum Beispiel an sogenannten keltischen Fürstensitzen nicht selten Trinkgefäße griechischen Ursprungs, was auf eine gewisse Verbundenheit oder den Wunsch der Nachahmung mediterraner Tischsitten hindeuten könnte. Unter den vielfältigen Formen germanischer Keramik aus der römischen Kaiserzeit wiederum ahmen heimische Gefäße immer wieder deutlich auch römische Vorbilder nach – und verweisen damit auf den wachsenden Einfluss des Imperiums, der sich in allen Alltagsbereichen niederschlug.

Außerdem können uns moderne Messverfahren auch Auskunft über mögliche frühere Inhalte von Gefäßen geben: Wo sich Fettsäuren aus Fleisch, Milch und Getreide oder andere Biomoleküle als Rückstände in den Poren des Tons erhalten haben, sind diese inzwischen dank Massenspektrometrie zerstörungsfrei nachweisbar.

Auch im Sediment selbst finden sich mitunter entsprechende Spuren. Landschafts- und Bodenveränderung können mithilfe *geoarchäologischer Methoden* untersucht und nachgezeichnet werden. Das schließt sowohl natürliche Ereignisse wie die Verwitterung von Gesteinen und Ablagerung von Sedimenten ein, die Erdoberfläche und Bodenzusammensetzung verändern, aber eben auch den menschlichen Einfluss auf diese Prozesse.

Eine in der Archäologie bewährte Methode, um unterschiedlich genutzte Flächen innerhalb der Landschaft nach einer früheren Nutzung abzugrenzen, ist die *Phosphatkartierung* (bei der es sich chemisch betrachtet eigentlich um eine Phosphorkartierung handelt): Wo Mensch und (Haus-)Tier sich längere Zeit aufhalten, schreibt sich das in den Boden ein. Über pflanzliche Nahrung aufgenommenes überschüssiges Phosphat wird vom Körper wieder ausgeschieden – Abfälle und Essensreste, vor allem die verdauten Abfälle von Essensresten, sind ein Festmahl für Mikroorganismen, die sie nach und nach zersetzen. Was übrig bleibt, sind die anorganischen, schwer löslichen Salze der Phosphorsäure, die sich im Boden anreichern, dort lange erhalten bleiben – und nachgewiesen werden können. Dazu werden die Bodenproben im Labor mit einer Säure versetzt und die Phosphatsalze darin gelöst. Anschließend lässt sich deren Konzentration über eine Farbreaktion mit bestimmten chemischen Verbindungen ermitteln. Diese Farbreaktion können wir auch auf einen handlichen pH-Teststreifen verlagern. Dafür nutzen wir eine Methode, die im Ergebnis unter Umständen weniger genau ist, dafür aber ohne Labor auskommt und direkt auf der Grabung angewendet werden kann. Dort wird die Bodenprobe mit verdünnter Säure behandelt und das entstehende Gemisch auf das Testpapier gegeben, dessen Reagenzien schließlich ebenfalls eine messbare Verfärbung auslösen.

Auf den Grabungsplan übertragen können die so ermittelten Phosphatkonzentrationen in einem Siedlungsumfeld vielleicht auf Latrinengruben oder Schlachtplätze hinweisen und beispielsweise im Pfostenloch-Grundriss eines bronzezeitlichen Wohnstallhauses zeigen, wo genau die Tiere untergebracht waren, weil deren Stallmist mit Sicherheit einiges an phosphathaltigem Material im Boden hinterlassen hat.

Nicht allein das liebe Vieh können wir so indirekt über die Analyse von Bodenproben im Grabungsbefund nachweisen, sondern auch die vergangene Pflanzenwelt. Selbst bei Fundplätzen, an denen sonst wenig organische Überreste erhalten sind. Dabei helfen sogenannte *Phytolithe*, zu Deutsch wörtlich »Pflanzensteine«, was eine ziemlich treffende Charakterisierung ist. Denn tatsächlich handelt es sich dabei um so etwas wie »fossile« Pflanzenzellen – von der ursprünglichen Pflanze aus dem Boden aufgenommene Kieselsäure, die sich in den Zellen als Silikat abgelagert, verfestigt und ihre organischen Hüllen überdauert hat.

Fachkundige Archäobotaniker können diese Zellreste unter dem Mikroskop identifizieren und den entsprechenden Pflanzenteilen zuordnen. Dafür müssen sie allerdings zuvor aus dem beprobten Sediment herausgefiltert werden, zum Beispiel in einem technischen Trennverfahren, das dem Schlämmen auf der Grabung gar nicht so unähnlich ist. Nur dass dafür hier unter Laborbedingungen auch sogenannte Schwerflüssigkeiten mit besonders hoher Dichte zum Einsatz kommen können, die die mineralischen Bestandteile der Probe aufschwimmen lassen.

Neben erhaltenen Samen, Früchten und Pollen liefern also auch diese winzigen Phytolithe Hinweise darauf, welche Pflanzen die Umgebung des Grabungsplatzes in der Vergangenheit geprägt haben, wo sie als Nutzpflanzen angebaut oder verarbeitet wurden und welche Rolle sie in Ernährung und Alltag der Bewohner gespielt haben. Ja selbst im Zahnstein menschlicher Skelette können sie nachgewiesen werden, wo sich Pflanzenzellen nicht nur als Essensreste und Folge mangelnder Zahnpflege, sondern womöglich auch ganz im Gegenteil als Hinweis auf frühe pflanzliche »Zahnseide« interpretieren lassen.

Abgesehen von solch spannenden Details urgeschichtlicher Mundhygiene sind Zähne auch deshalb ein besonders lohnendes Untersuchungsobjekt, weil sie Details über die Biografien von Individuen preisgeben können, die sich allein aus dem archäologischen Befund kaum ableiten lassen. Stammen die menschlichen Überreste in einer Bestattung mit dort ungewöhnlich »fremd« wirkenden Beigaben von einer Person aus der Region – oder verbrachte die ihre Kindheit an einem ganz anderen Ort?

Das beispielsweise kann die *Strontiumisotopenanalyse* zeigen, bei der noch einmal das Massenspektrometer zum Einsatz kommt. Dieses Mal, um die unterschiedlich schweren Atomarten des im Zahnschmelz eingelagerten Strontiums zu zählen, eines weiteren natürlichen Elements, das über die Nahrung aufgenommen wird. Mit einem Zahnarztbohrer (womit auch sonst?) wird eine kleine Menge Probenstaubs gewonnen, in einer Säure verflüssigt und im Spektrometer in seine Isotope zerlegt. Deren Verhältnis ist der Schlüssel zur

Herkunftsbestimmung, denn die natürlichen Strontiumvorkommen in Boden und Gestein unterscheiden sich von Region zu Region. Wir finden dieselbe Signatur in den Pflanzen, die vor Ort wachsen, in der Nahrung, die daraus zubereitet wird, und in den Zähnen und Knochen der Menschen, die sie verzehren.

Unsere Knochenzellen befinden sich in ständigem Auf- und Abbau. Die Zahnschmelzbildung hingegen ist bis zum vierten Lebensjahr abgeschlossen, und nur so lange wird dort auch Strontium eingelagert. Das Isotopenverhältnis der Zähne spiegelt also, geochemisch gesprochen, die Region wider, in der wir unsere frühe Kindheit verbracht haben. Unterscheidet es sich deutlich von der Strontiumsignatur der Knochen, ist das ein sicheres Indiz für einen Wohnortwechsel irgendwann nach dem vierten Geburtstag. Solche Ergebnisse

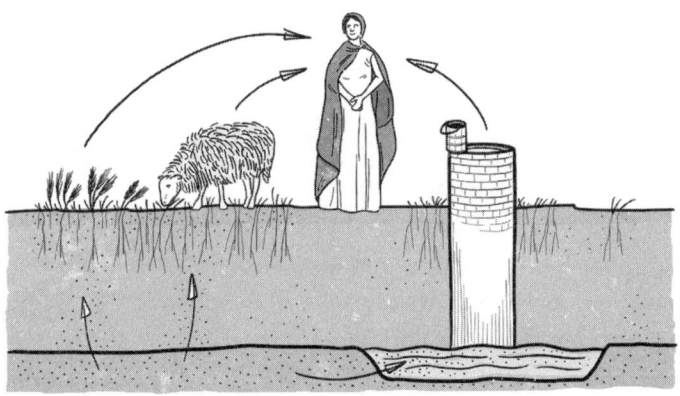

Mit der Nahrung und dem Wasser, das wir trinken, nehmen wir über die darin enthaltenen Strontiumisotopen auch die geochemische Signatur der jeweiligen Region auf, in der wir uns befinden (oder aus der die Lebensmittel stammen).

können Auskunft über die Zusammensetzung von Gemeinschaften geben, über Wanderungsbewegungen und Kontakte zwischen verschiedenen geografischen Regionen.[29] Für einiges Aufsehen sorgten beispielsweise die Untersuchungen am Zahnschmelz eines Mannes, der gegen Ende der Jungsteinzeit vor etwa 4300 Jahren im britischen Amesbury mit außergewöhnlich vielen Grabbeigaben bestattet wurde. Der Ort liegt kaum fünf Kilometer vom in ebenjener Zeit ausgebauten Monument von Stonehenge entfernt, was dem Mann zunächst den Beinamen »König von Stonehenge« einbrachte.[30] Die Strontiumanalysen, die darauf hindeuten, dass der Mann ursprünglich aus der Alpenregion – aus Österreich, der Schweiz oder Süddeutschland – stammte, wurden in der britischen Boulevardpresse seinerzeit mit »It's Steinhenge!«-Schlagzeilen quittiert.

Allerdings kann diese regionale Eingrenzung mit einigen Herausforderungen verbunden sein, denn sie erfordert detaillierte Kenntnis der örtlichen Geologie – und der mitunter lokal recht vielfältigen Strontiumisotopenverhältnisse. Die Diskussion um die Herkunft der als »Mädchen von Egtved« bekannten jungen Frau, die um 1400 v. Chr. in einem Grabhügel im Osten Jütlands in Dänemark bestattet wurde, kann das gut illustrieren. Im luftdicht abgeschlossenen Baumsarg

---

29 Wenigstens ist das für die Vergangenheit der Fall. Künftige Archäologinnen und Archäologen dürften es da deutlich schwerer haben, sich einen Reim auf unsere globalisierte Gesellschaft zu bilden, die heute einen Großteil ihrer Lebensmittel und sogar das Wasser, das wir trinken, aus allen Teilen der Welt bezieht.

30 Heute wird er allerdings, wegen der zahlreichen Pfeilspitzen und der beiden Armschutzplatten unter seinen Beigaben, meist als »Amesbury Archer« (Bogenschütze von Amesbury) bezeichnet.

blieben zwar keine Knochen, aber neben ihrer Kleidung auch Zähne, Haare und sogar Fingernägel der Frau erhalten. Im Vergleich der daraus gewonnenen Isotopenwerte mit geologischen Referenzdaten schloss eine Forschergruppe, dass das »Egtved-Mädchen« ursprünglich aus dem Schwarzwald stammte, aber offenbar in den letzten Jahren seines Lebens zwischen Dänemark und Süddeutschland hin- und herreiste. Dem widersprachen allerdings bald andere Forscherinnen, die auf eine große Diversität der Bodenzusammensetzung in Süddänemark verwiesen und argumentierten, dass sich all die unterschiedlichen gemessenen Strontiumwerte auch an verschiedenen Stellen in der regionalen Geologie wiederfinden ließen. Hier zeigt sich, dass die naturwissenschaftlichen Daten allein keine abschließende Antwort geben können, sondern vor dem Hintergrund des archäologischen Befunds interpretiert werden müssen. Und da weisen Kleidung und Beigaben im Grab von Egtved offenbar ebenfalls eher nach Skandinavien.

Dass es Wissenschaftlerinnen und Wissenschaftlern gelungen ist, das menschliche *Genom* zu entschlüsseln, ist eine Forschungsleistung für die Geschichtsbücher. Weil DNA-Moleküle unter den richtigen Bedingungen bemerkenswert lange erhalten bleiben (mindestens 400 000 Jahre – so alt jedenfalls ist das bisher älteste sequenzierte Humangenom von einem *Homo heidelbergensis*-Oberschenkelknochen aus der Sima de los Huesos (»Knochengrube«) in der spanischen Sierra de Atapuerca; beim Mammut kommen wir sogar auf 1,2 bis 1,6 Millionen Jahre), sind wir heute in der Lage, auch historisches Erbgut und solches aus archäologischen Funden zu analysieren: aus Knochen und mumifiziertem Gewebe und eben auch von ausgestorbenen Vorfahren wie dem Neandertaler. Das ist tatsächlich so sensationell, dass dem Schweden Svante Pääbo, einem der Begründer der *Paläogenetik*, 2022 gerade erst der Nobelpreis für Physiologie und Medizin verliehen wurde.

Aus fossilen Knochenfunden oder den in Bestattungen freigelegten Überresten können diese Erbinformationen in Form sogenannter *aDNA* (»ancient deoxyribonucleic acid«, also: alter DNA) beziehungsweise deren nicht zerfallene Bruchstücke in einem komplexen Verfahren unter Laborbedingungen isoliert und extrahiert werden. Anschließend mittels einer Polymerase-Kettenreaktion (»polymerase chain reaction«, kurz: PCR – eine uns inzwischen ja recht vertraute Abkürzung) vervielfältigt und schließlich sequenziert, das heißt die individuelle Abfolge der einzelnen Nukleotide, der Bausteine des DNA-Moleküls, bestimmt werden. Die DNA aller Menschen ist zu gut 99,9 Prozent identisch, aber es sind die übrigen 0,1 Prozent, die uns individuell unterscheiden. Und diesen Code für jede Person einzigartig machen.[31] Auch Informationen wie die Farbe von Augen, Haaren und Haut sind in unser Erbgut eingeschrieben. Ebenso wie in das unserer Vorfahren; die heute verfeinerten Sequenzierungstechniken erlauben es uns deshalb, auch deren äußeres Erscheinungsbild zu rekonstruieren: Die steinzeitlichen Jäger und Sammler beispielsweise, die sich mit dem Rückzug der Gletscher am Ende der letzten Kaltzeit vor gut 15 000 Jahren über Mittel- und Westeuropa ausbreiteten, dürfen wir uns demnach als dunkelhäutig, dunkelhaarig und mit eher hellen, wohl blauen Augen vorstellen.

---

31 Mit Ausnahme eineiiger Zwillinge, deren Erbgut zumindest nach heutigen Nachweisstandards tatsächlich identisch ist.

Wie die Strontiumisotopenuntersuchungen können Paläogenetik und aDNA-Analyse aber auch Fragen zu Mobilität und Diversität von Bevölkerungen beantworten. Weil die meisten Menschen sich in der Region fortpflanzen, in der sie leben, zeigt das Erbgut oft lokal große Übereinstimmungen. Einwanderungsbewegungen lassen sich deshalb über von Neuankömmlingen in den Genpool eingebrachte Variationen in einzelnen DNA-Abschnitten nachverfolgen – und womöglich mit anderen Veränderungen der materiellen Kultur verbinden: Zeigen bestimmte neue Keramikformen in Gräbern einen Migrationshintergrund der Bestatteten an oder sind vielleicht neue Ideen und Technologien von Zuwanderern mitgebracht worden?

Ob die Ausbreitung der typischen Glockenbecher-Keramik in Europa vor etwa 4500 Jahren am Übergang von der Stein- zur Bronzezeit zum Beispiel Ergebnis einer großen Wanderungsbewegung oder eher eines Ideentransfers war, beschäftigt die Forschung schon lange Zeit. DNA-Untersuchungen an mehreren hundert Skeletten konnten inzwischen zeigen: Die Antwort liegt in der Mitte, es stimmt beides. Auf der Iberischen Halbinsel jedenfalls finden sich solche Glockenbecher zusammen mit Skeletten, deren DNA sich sehr von der mitteleuropäischer Bestattungen unterscheidet. In Großbritannien auf der anderen Seite zeigt das untersuchte Erbgut den deutlichen Einfluss von Einwanderern aus Kontinentaleuropa.

Überhaupt ist die Methode für die Untersuchung von Verwandtschaftsverhältnissen und Gesellschaftsstruktur besonders geeignet. Sowohl im Großen, weil damit nachgewiesen werden konnte, dass die meisten heute lebenden Menschen noch immer etwa ein bis zwei Prozent Neandertaler-Erbgut in sich tragen. Aber auch im Kleinen, denn Erbgut-Analysen etwa 5700 Jahre alter Bestattungen in einer jungsteinzeitlichen Grabanlage im englischen Hazleton ergaben, dass 27 der 35 dort untersuchten Individuen eng miteinander verwandt waren. Fünf Generationen sind dort zur letzten Ruhe gebettet worden: Die Nachkommen eines Mannes und vier verschiedener Frauen wurden nach den unterschiedlichen Familienzweigen getrennt bestattet – und zwar nur die männlichen und deren Partnerinnen. Erwachsene weibliche Nachkommen hingegen fehlen, offenbar suchten die Töchter ihre Partner in anderen Gruppen.

Für die Funde in der bronzezeitlichen Lichtensteinhöhle bei Osterode im Harz bedeuteten die aDNA-Ergebnisse gar überhaupt die Bestätigung, dass es sich dort um den lang genutzten Bestattungsplatz einer Großfamilie handelte, nachdem für die in der verwinkelten Höhle gefundenen Skelettreste aus dem ersten Jahrtausend v. Chr. zuvor auch die Möglichkeit eines Opferplatzes diskutiert worden war. Erhaltene Beigaben, vor allem aber die Tatsache, dass von 22 untersuchten Personen fünfzehn miteinander verwandt waren, verliehen der Begräbnishypothese deutlich Gewicht.[32]

Aber nicht nur alte menschliche DNA (oder die von Pflanzen und Tieren) erforscht die Paläogenetik, auch erhaltenes Erbgut von Krankheitserregern kann in Proben nachgewiesen und so die Verbreitung von Infektionskrankheiten in früheren Gesellschaften untersucht werden: Eines der äl-

---

32 Dass nach einem Aufruf zur freiwilligen DNA-Untersuchung in der heutigen Bevölkerung der umliegenden Dörfer tatsächlich Nachkommen der in der Höhle Bestatteten gefunden wurden, deren Familien also seit gut 3 000 Jahren vor Ort leben, ist mindestens eine kuriose Fußnote wert.

testen Genome des Pestbakteriums Yersinia pestis beispielsweise, Auslöser einiger der tödlichsten Pandemien in der Geschichte der Menschheit von der Justinianischen Pest im sechsten Jahrhundert n.Chr. bis zum gefürchteten mittelalterlichen »Schwarzen Tod« und den großen Epidemien Ende des 19. Jahrhunderts, konnte bis in die Jungsteinzeit zurückverfolgt und in einer etwa 5000 Jahre alten Bestattung in Lettland nachgewiesen werden.

Und in Höhlen und geschlossenen Hohlräumen, wo sich das Sediment geschützt ablagern konnte, erlauben inzwischen auch Bodenproben die Gewinnung von DNA und damit Aufschluss über die frühere Nutzung und Besiedlung jener Plätze. Kürzlich gelang es sogar, von der Oberfläche eines 20–25000 Jahre alten Hirschzahnanhängers aus der Denisova-Höhle im russischen Altaigebirge das Erbgut einer Frau zu gewinnen, die das Schmuckstück einst vermutlich hergestellt oder getragen hatte.

Dieser umfangreiche, aber alles andere als vollständige Ausflug in die Archäometrie zeigt, welch großes Potenzial in der Verknüpfung naturwissenschaftlicher Methoden und archäologischer Fragestellungen liegt. Der Fortschritt moderner Forschung liegt deshalb vor allem in echter Interdisziplinarität. Einer Zusammenarbeit, in der ein Fach das andere nicht nur als Analyseservice und umgekehrt eine Disziplin die andere nicht als bloße Probenlieferantin betrachtet, sondern alle die eigenen Kernkompetenzen gewinnbringend zur Lösung gemeinsam entwickelter Forschungsfragen einbringen.

Wo hab ich das
schon mal gesehen?

Es liegt in der Natur archäologischer Auseinandersetzung mit unbelebter materieller und für die Archäologinnen und Archäologen meist fremder Kultur, dass Deutung und Verständnis solcher Funde und Befunde oft große Herausforderungen darstellen. Selbst wenn sich die Funktion eines Gegenstands meist (wenn auch nicht immer) erschließen lässt, können wir damit immer noch wenig darüber sagen, wem er gehört haben und welche Rolle er im Alltag einer vergangenen Gesellschaft gespielt haben mag.

Wir können vielleicht Scherben zu vollständigen Gefäßen zusammensetzen und erahnen oder gar nachweisen, was darin einst aufbewahrt, transportiert oder gekocht wurde. Aber ob die Verzierung der Gefäße eine besondere Bedeutung hatte, ob bestimmte Gefäße bestimmten Inhalten oder Personen vorbehalten waren, das können wir in der Regel schwer feststellen. Wir ordnen mit Tierbildern, Menschendarstellungen und geometrischen Mustern verzierte Steinplättchen nach Größe, Material und Abbildung, aber wofür mochten sie einst gedient, was könnten sie bedeutet haben?

Mit der bloßen Sammlung und Klassifizierung solcher Fundstücke wollen und können Archäologinnen sich deshalb nicht zufriedengeben, denn die Objekte sollen ja eigentlich nur Medium sein, die Menschen, die sie angefertigt, genutzt und zurückgelassen haben, kennen- und verstehen zu lernen. Dem bronzezeitlichen Dorfbewohner war vollkommen klar, wem welcher verzierte oder bemalte Topf gehörte. Der steinzeitlichen Jägerin erschloss sich die Bedeutung der Tierbilder wahrscheinlich auf den ersten Blick. Uns aber fehlt der kulturelle Hintergrund, solche Symbole zu lesen und zu verstehen. Wenn nicht gerade schriftliche Quellen Auskunft über solche Details geben (und selbst die sollten, je nachdem, wer sie verfasst hat, kritisch hinterfragt werden), müssen wir uns ihnen auf anderem Wege nähern.

Eine grundlegende Methode, wirkungsvoll, aber nicht ohne Fallstricke, ist die Suche nach *Analogien*. Solche Vergleiche sollen helfen, einander ähnliche Objekte und Formen, Handlungsmuster und Kulturphänomene mithilfe ähnlicher Eigenschaften und Fundzusammenhänge zu verstehen. Die Suche nach Analogien beginnt deshalb am besten im unmittelbaren Umfeld des jeweiligen Untersuchungsgegenstands: Gibt es an anderen Plätzen der Region und aus derselben Zeit vergleichbare Funde – und was wissen wir über deren Deutung und Hintergrund? Womöglich ergeben sich so schon aus der archäologischen Forschungsliteratur Hinweise, die bei der Einordnung helfen können. Anderenfalls lohnt es, den Suchradius auszuweiten und Fundorte in der weiteren, schließlich auch noch weiteren Umgebung und aus anderen Zeitperioden einzubeziehen. Mit größerer Entfernung verringert sich zwar die Wahrscheinlichkeit eines direkten Zusammenhangs, nicht zwingend aber müssen solche Analogien immer auch räumlich und zeitlich verbunden sein. Es soll nicht darum gehen, gleichartige Erscheinungen unterschiedlicher Herkunft auch in jedem Falle inhaltlich zu verbinden, sondern die Vielfalt von Deutungsmöglichkeiten zuzulassen und einen Denkanstoß für die Entwicklung möglicher Interpretationen zu geben. Das kann und soll auch historische und ethnologische Vergleiche bis hin zu gegenwärtigen Alltagsbeobachtungen einschließen.

Spätestens hier, im Grunde aber bei jedem Analogieschluss, müssen wir uns sehr bewusst machen, dass solche Übertragungen subjektiv gefärbt sind. Wir können gar nicht anders, als alles Fremde (und dazu gehört auch die Vergangenheit) durch die Brille von Zeitgeist, unserer eigenen Gedankenwelt und gesellschaftlichen Sozialisation zu sehen.

Betrachten wir beispielsweise das breite historische Spektrum unterschiedlicher Bestattungssitten in verschiedenen Teilen der Welt, mögen uns heute, in der sogenannten westlichen Welt, einige davon bestenfalls »exotisch«, andere gar pietätlos erscheinen. Etwa die Vorstellung, die Körper Verstorbener wie im Falle der »Himmelsbestattung« in Teilen Zentralasiens Geiern und anderen Aasfressern zu überlassen oder den Leichenbrand mit Bananenbrei vermischt in der Gemeinschaft der Hinterbliebenen zu verspeisen, wie die Yanomami im Amazonas-Gebiet es praktizieren. Sie scheinen weit entfernt von uns vertrauten Totenritualen. Auch hier fehlt uns meist der kulturelle Rahmen, in den diese Rituale eingebettet sind, der unmittelbare Zugang zu ihrer Bedeutung und die damit verbundene Vorstellungswelt.

Aus dieser »Fremdheit« heraus lässt sich freilich kein kulturhistorischer Entwicklungsprozess ableiten, auch wenn die frühe ethnologische und archäologische Forschung zunächst in genau diese Falle evolutionistischer, sich von vermeintlich »primitiven« Anfängen zu immer komplexeren Formen fortentwickelnder Gesellschaftsvorstellungen tappte. Ein nicht unerheblicher Teil der kolonialen und rassistischen Vergangenheit beider Fächer geht auf ebensolche Ideen und Erklärungen zurück. Gelegentlich stolpern wir leider auch heute noch in diese Fallgruben: Wenn in der Berichterstattung über isolierte indigene Gruppen plötzlich von »Steinzeitvölkern« die Rede ist, dann ist das nicht nur eine reichlich schiefe (weil chronologisch falsche) Analogie, sondern auch ein Rückfall in koloniale Denkmuster.

Dabei wäre es aus archäologischer Sicht durchaus spannend zu fragen, ob bei der Entstehung bestimmter Rituale wie der Himmelsbestattung nicht auch äußere Einflüsse und ganz pragmatische Gründe eine Rolle spielten, die andere Bestattungsformen erschwert haben, Bodenbeschaffenheit (harter Steppenboden) und Vegetation (mangelndes Feuerholz) beispielsweise. Könnten frühere ähnliche Landschafts- und Umweltbedingungen an unserem Grabungsplatz vergleichbare archäologische Befunde erklären?

Mitunter schaffen Archäologinnen und Archäologen sich ihre Vergleichsobjekte auch selbst. Um zu verstehen, wie aus einer Feuersteinknolle eine brauchbare Klinge geschlagen, ein schwerer Steinblock transportiert oder aus Wildgetreide Bier gebraut werden kann, muss man es manchmal einfach selbst versuchen. Ebendiesen Ansatz verfolgt die *Experimentelle Archäologie*, indem sie mit wissenschaftlicher Fragestellung und minutiöser Dokumentation im praktischen – und jederzeit reproduzierbaren – Versuchsaufbau eigene Deutungsvorschläge für die Interpretation komplexer archäologischer Funde und Befunde entwickelt.

Wie könnte man beispielsweise den mit dem Bau eines steinzeitlichen Hauses verbundenen Aufwand besser nachvollziehen, als wenn man selbst eines baute? Doch bei der genauen Bestandsaufnahme der verwendeten Werkzeuge, Materialien und Arbeitskraft wollten die Kollegen und Kolleginnen es nicht belassen, die genau das in Horsterwold in den Niederlanden in die Tat umsetzten. Sie beobachteten das Steinzeithaus über Jahre hinweg und hielten fest, wie das Gebäude sich mit dem Alter veränderte und wann welche

Reparaturen notwendig wurden. Und um nachvollziehen zu können, welche Spuren davon bleiben, brannten sie das Haus schließlich am Ende auch noch nieder (und dokumentierten natürlich auch das) – für die Wissenschaft.

Wie wiederum die tonnenschweren Steine von Stonehenge zu ihrem Aufstellungsort transportiert worden sein könnten, wird seit den 1950er-Jahren in verschiedenen experimentellen Ansätzen untersucht: Erfolgreiche Versuche mit hölzernen Rollen und Schienen, Schlitten und Booten konnten die Bandbreite technischer Möglichkeiten aufzeigen, die bereits den Menschen der Stein- und Bronzezeit für das Meistern solcher Aufgaben zur Verfügung gestanden haben.

Und bei den Brauexperimenten hatte ich selbst das Vergnügen, der Forschergruppe einer Kollegin in Berlin assistieren zu dürfen. Nachdem wir in großen Steingefäßen aus dem zehnten beziehungsweise neunten Jahrtausend v. Chr. Hinweise auf mögliche Fermentierungsrückstände gefunden hatten, wollten wir herausfinden, ob es wirklich gelingen konnte mit ein paar heißen Steinen, etwas Wasser und Malz Bier in der Nachbildung eines solchen Steintroges herzustellen. Und das tat es tatsächlich. Als das Getreide geschrotet und unter Zuhilfenahme im Feuer erhitzter Steine zu einem Brei verkocht war, dauerte es kaum fünf Tage, bis aus der verbliebenen Flüssigkeit eine Art Bier mit geringem Alkoholgehalt von etwa zwei Prozent wurde. Das auch noch schmeckte. Experiment geglückt.

Ist das relativ alt?

Zu erkennen, was wir da in manchmal aufwendiger, oft mühevoller Ausgrabung freigelegt haben, ist das eine – um archäologische Funde aber in einen historischen Zusammenhang einordnen, um Alltag und Leben vergangener Epochen rekonstruieren und kulturellen Wandel nachvollziehen zu können, müssen wir auch deren Alter kennen.

Mithilfe der stratigrafischen Methode können wir wie bereits erwähnt die zeitliche Beziehung und Abfolge von Funden und Befunden einer Ausgrabung ermitteln. Beim Schlämmen von Bodenproben ausgewaschene Blütenpollen können Aufschluss über Vegetation und Umweltbedingungen zum Ablagerungszeitpunkt der jeweiligen Schichten geben. Diese wiederum lassen sich mit aus Seesedimenten oder Mooren gewonnenen *Pollenprofilen*, aus denen langfristige Klimaveränderungen hervorgehen, vergleichen und schließlich datieren. In Nordeuropa reichen die Daten aus entsprechenden Profilen etwa 10 000 Jahre weit in die Vergangenheit zurück – in Zentralasien dank der untersuchten Ablagerungen auf dem Grund des Vansees im Osten der Türkei sogar bis zu 600 000 Jahre.

Doch insbesondere die Fundobjekte in den einzelnen Schichten selbst sind wichtige Anhaltspunkte für deren Datierung – gerade dann, wenn sich in solchen Schichten immer wieder bestimmte, ganz typische Gegenstände finden. Tiefere, also früher entstandene Horizonte werden demnach von älteren Funden charakterisiert, weiter oben (also später) abgelagerte Schichten durch entsprechend jüngere. Dieser interne zeitliche Zusammenhang wird als *relative Chronologie* bezeichnet. Und er lässt sich mit archäologischer Detek-

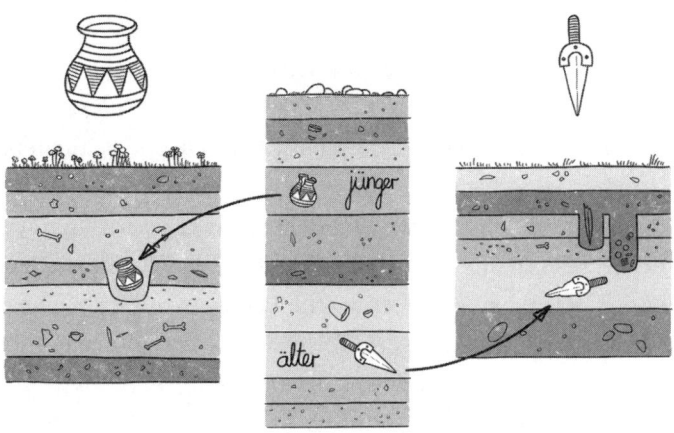

tivarbeit ausweiten und auf andere Fundplätze in der Nähe übertragen: Wenn dort identische Gegenstände gleichen Materials und gleicher Form gefunden werden, weisen sie wahrscheinlich ein ähnliches Alter auf.

Dieses Fundspektrum einer bestimmten Zeit und Region ist es schließlich, was wir als *archäologische Kultur* verstehen – ein vor allen Dingen materieller Kulturbegriff also, und weniger einer, der Gesellschaftsformen beschreibt. Auch das ist früh im Archäologiestudium eine wichtige Erkenntnis: Nur weil sie die gleichen Töpfe benutzten, muss das längst nicht bedeuten, dass verschiedene Gemeinschaften auch in anderen Lebensbereichen übereinstimmten.

Auf der Grundlage in Jahrzehnten archäologischer Ausgrabung und Forschung gewonnener Materialkenntnis haben Archäologinnen und Archäologen im Laufe der Zeit regelrechte Chronologiesysteme entwickelt, in denen die jeweils typischen Funde einer Region zusammengestellt und in aufeinanderfolgende Zeitstufen eingeteilt werden. Jede dieser Zeitphasen hat ihre ganz eigenen Formen, die sich nur dort (oder viel mehr nur *dann*, denn es handelt sich ja um eine zeitliche Gliederung) wiederfinden. In Anlehnung an geologische Leitfossilien als *Leitformen* oder *Leittypen* bezeichnet, können wir mit ihrer Hilfe Befunde und Schichten, in denen sie gefunden werden, diesen Zeitstufen zuordnen. In geschlossenen Funden (bei denen, wir erinnern uns, der Kontext deutlich macht, dass alle Objekte gleichzeitig in den Boden gelangt sind) geben solche Leittypen zugleich einen Hinweis auf das Alter der übrigen dort enthaltenen (mit ihnen »vergesellschafteten«) Gegenstände.

So wie also fossile Kopffüßler, Ammoniten, als Leitfunde geologische Schichten über einen Zeitraum von gut 350 Millionen Jahren vom Unterdevon (wo sie zum ersten Mal auftraten) bis zu ihrem Aussterben am Ende der Kreidezeit einzuordnen helfen, datiert der Fund beispielsweise eines typischen Glockenbechers einen archäologischen Befund an das Ende der Jungsteinzeit. Finden sich im selben Befund weitere Artefakte wie Kupferdolche oder Knochenknöpfe, haben wir dank des Bechers ebenfalls einen Anhaltspunkt für deren Datierung. Das wiederum erlaubt die zeitliche Eingrenzung vergleichbarer Objekte an anderen Fundstellen, selbst wenn der Becher dort gar nicht mehr selbst in Erscheinung tritt. Mit der Kombination vieler solcher Beobachtungen gewinnen wir schließlich einen Überblick über die typischen Funde einer Zeitstufe – und können sogar deren Entwicklung nachvollziehen.

Eine solche *Typologie* basiert auf der Erkenntnis, dass von Menschen geschaffene Gegenstände wie Kleidung, Schmuck, aber auch Werkzeuge und Geräte nie ganz für sich entstehen, sondern von Zeitgeschmack und Mode beeinflusst und mit längerem Gebrauch optimiert und weiterentwickelt werden.

Zur Verbreitung und Anwendung dieser »Typologischen Methode« hat ganz wesentlich der schwedische Prähistoriker Oscar Montelius beigetragen. In seinem 1903 veröffentlichten Buch mit dem knappen wie treffenden Titel *Die Methode* skizziert er diese Einteilung archäologischer Funde nach Material, Form und Verzierung und stellt Entwicklungslinien (sogenannte *typologische Reihen*) auf, die zeigen, wie zum Beispiel Bronzebeile, aber auch Schmuck- und Gewandnadeln im Laufe der Zeit von schlichten zu immer komplexeren Formen reifen (dass das ein wenig an Darwins Theorie erinnert, ist kein Zufall, sondern wird von Montelius auch unumwunden zugegeben).

Oft geht diese Entwicklung nur allmählich voran, und es finden nur hier und da kleine Veränderungen statt. Manchmal führen diese Veränderungen auch schlicht dazu, dass ein Detail zwar seine praktische Funktion verliert (Befestigungsnieten an Schwertgriffen zum Beispiel), aber dennoch als nun funktionsloses Ornament (ein *typologisches Rudiment*, wie Montelius es nannte) weiterlebt (wenn wie im Falle des Schwertes dessen Griff im Ganzen aus Bronze gegossen wird – und die Nietköpfe nur noch der Zier dienen). Wem das zu abstrakt erscheint, versuche einmal, Automobile aus den 1930er-Jahren von denen aus den 50ern und neueren Modellen der frühen 2000er abzugrenzen. Oder von einer Pferdekutsche – denn tatsächlich sind die frühesten Autos ja solchen Gespannen nachempfunden worden. Ein besonders früher Entwurf (das »Horsey Horseless«-Modell von Uriah Smith) mochte nicht einmal auf einen hölzernen Pferdekopf verzichten. Solche reinen Design-Entscheidungen setzen sich bis in die heutige Zeit fort, wenn beispielsweise nicht wenige Elektroautos noch einen Kühlergrill aufweisen, obwohl

sie mangels Verbrennungsmotor eigentlich gar keine Luft-
kühlung benötigen.[33]

1888   1902   1912

1928   1934   1955

1964   1974   1990

2002   2010   2022

33 Innovationen in ein vertrautes Gewand zu kleiden, schafft einen Wie-
dererkennungswert, der dabei helfen kann, Akzeptanz und Zugänglich-
keit neuer Technologien zu erhöhen. Uns ist dieses als *Skeuomorphismus*
bezeichnete Phänomen auch aus anderen Alltagsbereichen geläufig,
wenn wir zum Beispiel selbst auf neuesten Smartphones Anrufe immer
noch über das Symbol eines altmodischen Telefonhörers annehmen
oder Dateien mit einem Klick auf das Bild einer in die Jahre gekomme-
nen 3,5-Zoll-Diskette speichern.

Dennoch ist die typologische Idee einer stets kontinuier-
lichen Entwicklung nicht ganz unproblematisch und stellt
sich menschlichen Schaffensdrang wahrscheinlich etwas zu
linear vor. Noch lange nicht haben Elektroautos ältere Modelle vollständig abgelöst, und dank Liebhabern und Samm-
lerinnen von Oldtimern gehören auch Fahrzeuge aus früheren Jahrzehnten immer noch zum Straßenbild. Alte Typen
werden weiter- oder wiederverwendet, frühere Formen mitunter schlicht aus ästhetischen Gründen erneut aufgegriffen.
Schlaghosen beispielsweise mögen für die Mode der 1960er-
und 1970er-Jahre charakteristisch gewesen sein – tauchten
aber auch in den 90ern wieder auf und erlebten jüngst ein
weiteres Comeback.[34]

Bei Überlegungen zur Altersbestimmung archäologischer
Funde und Fundkomplexe sind wir also gut beraten, auch
diese Dynamik in der Lebensdauer mancher Dinge nicht zu
vergessen. Neuerungen brauchen mitunter Zeit, um sich zu
verbreiten. Andere Formen werden, wenn sie sich einmal
durchgesetzt haben, vielleicht besonders lange ohne notwendige Veränderung und Verbesserung weitergenutzt. Und
manchmal kommen sie eben auch wieder.

Das stratigrafische Prinzip zur relativen Datierung einzelner Schichten anhand darin gefundener Artefakttypen lässt
sich nicht nur in der Tiefe, sondern auch in der Fläche an-
wenden. Die *horizontale Stratigrafie* eines Fundplatzes nämlich kann beispielsweise Auskunft über die räumliche Ausdehnung einer Siedlung oder eines Gräberfeldes im Laufe

---

34 Als feinchronologischer Leittyp sind sie deshalb eher ungeeignet, tau-
    gen aber immer noch für eine zeitliche Einordnung »spätes 20. / frühes
    21. Jahrhundert n. Chr.«.

der Zeit geben, wenn die Funde bestimmter Zeitstufen sich in verschiedenen Arealen wiederfinden, die nach und nach besiedelt oder für die Bestattung Verstorbener erschlossen wurden. Richtig interessant wird es, lassen sich solche Funde und Befunde zusätzlich mit ganz konkreten Ereignissen und Jahreszahlen verbinden.

Das ist absolut alt!

Für Zeitabschnitte und Regionen mit reicher historischer Überlieferung können solche Quellen auch für die kalendarische Datierung archäologischer Stätten und Funde, deren *absolute Chronologie*, herangezogen werden – sofern sich Befund und Geschichte miteinander verknüpfen lassen. So kennen wir das Datum des für die antike Stadt Pompeji so verheerenden Vesuv-Ausbruchs aus den Aufzeichnungen des römischen Anwalts, Politikers und Autors Gaius Plinius Caecilius Secundus (»der Jüngere«, um ihn für die Nachwelt von dessen Onkel, dem gleichnamigen Naturforscher, zu unterscheiden). Im Jahr 79 n.Chr. verschüttet, müssen also alle Funde und Befunde in Pompeji unterhalb der Ascheschicht vor dieses Ereignis datieren. Schon von Berufs wegen mit einer Schwä-

che für lateinische Fachbegriffe ausgestattet, bezeichnen Archäologinnen und Archäologen einen solchen Zeitpunkt, *vor* dem die Funde in den Boden gelangten, als *terminus ante quem*. In unserem Beispiel können wir zugleich festhalten, dass alle weiteren Funde, die sich oberhalb dieser Schicht aus dem Jahr 79 n. Chr. befinden, erst nach dem Vulkanausbruch dorthin gelangt sein können. Für sie ist die Asche ein *terminus post quem* – ein Zeitpunkt, *nach* dem sie datieren.

Auch Gebäude- oder Grabinschriften und Münzen können unter Umständen als solche »termini« für die absolute Datierung archäologischer Befunde herangezogen werden. Die in einer ungestörten Bestattung gefundene Münze zeigt ganz unmissverständlich an, dass der gesamte Fund erst nach dem dort genannten Prägejahr in den Boden gelangt sein kann. Umgekehrt bedeutet es aber nicht zwangsläufig, dass dies auch schon bald nach der Prägung der Fall gewesen sein muss. Gerade Goldmünzen und vergleichbare Gegenstände mit hohem Materialwert können recht lange – Jahrzehnte, manchmal gar Jahrhunderte – im Umlauf gewesen sein, bevor sie aus dem Verkehr gezogen wurden. Für eine genauere chronologische Eingrenzung sind weitere (Münz-)Funde aus der gleichen Schicht oder dem gleichen Befund hilfreich. Je mehr, desto sicherer. Ein Glücksfall, wenn sich dann noch ein historisches Ereignis mit den so gewonnenen Daten verknüpft.

Dass unter den archäologischen Funden in der Gegend von Kalkriese in Niedersachsen mit zahlreichen Kupfermünzen schließlich doch noch das sogenannte Soldatengeld (und damit die Anwesenheit einfacher Fußtruppen) nachgewiesen werden konnte, hat die Diskussion um eine Deutung der Überreste einstiger römischer Militärpräsenz neu angefacht. Können diese Münzen endlich beweisen, dass dies der Ort war, an dem der Cheruskerfürst Arminius seine vermeintlichen Verbündeten, den römischen Feldherren Publius Quinctilius Varus und dessen Legionen, in einen vernichtenden Hinterhalt gelockt haben soll?

Viele der Kupfermünzen aus der Regierungszeit von Kaiser Augustus (30 v. Chr. bis 14 n. Chr.) sind zusätzlich mit dem Zeichen »VAR« des Varus gestempelt. Eine vor allem in der frühen römischen Kaiserzeit nicht unübliche Markierung für Zuwendungen an Soldaten. Tatsächlich kann gerade dieses Detail einen entscheidenden Hinweis auf die Datierung der Münzen geben – und des Zeitpunkts, zu dem sie in den Boden gelangten. Im Falle der von Varus gestempelten Exemplare kann das eigentlich nur zwischen den Jahren sieben und neun n. Chr. geschehen sein, als dieser nämlich Statthalter in Germanien war. Das ist ein wichtiges Argument auch für die Datierung der übrigen Funde vor Ort, denn das jüngste Stück muss ja den Ausschlag für die chronologische Einordnung geben.

Bisher wurde dort keine einzige römische Münze gefunden, die später als neun n. Chr. geprägt worden ist. Für das militärische Ereignis, auf das Wallanlagen und die Reste der Bewaffnung und Ausrüstung römischer Legionäre in der Nähe verweisen, würde das bedeuten, dass es nicht vor sieben und nicht nach neun n. Chr. stattgefunden haben kann. Was die Zahl potenzieller Konflikte stark genug eingrenzt, um einen Zusammenhang mit der »Varusschlacht« nahezulegen.

Wo die Verknüpfung von archäologischem Befund mit historischen Quellen gelingt, folgen spannende und mitunter weitreichende Einblicke in vergangene Ereignisse. Vor allem aber erhält das Gerüst relativer chronologischer Zusammenhänge auf diese Weise fixe kalendarische Ankerpunkte. Lange Zeit blieb dieser historische Ansatz die einzige Möglichkeit, archäologische Funde absolut zu datieren – ein Nachteil für Perioden und Regionen ohne entsprechende Schriftquellen. Bis neue naturwissenschaftliche Verfahren neuen Methoden zur Altersbestimmung den Weg bereiteten.

Die bekannteste dürfte wohl die zur *Radiokarbondatierung* organischer Materialien sein, für die dem US-Chemiker und Physiker Willard Libby 1960 der Chemie-Nobelpreis verliehen wurde. Sie basiert auf der Beobachtung, dass Lebewesen aus ihrer Umwelt beständig Kohlenstoff aufnehmen – der Anteil gebundener Kohlenstoffatome nach deren Ableben aber abnimmt. Kohlenstoff (mit dem chemischen Element C bezeichnet) zählt zu den wichtigsten Grundbausteinen des Lebens auf der Erde. In der Natur kommt er in Form von drei stabilen Isotopen vor: Eines davon ist der in der Atmosphäre aus einer chemischen Reaktion kosmischer Strahlung und Stickstoff entstehende radioaktive Kohlenstoff (^{14}C, nach der Summe seiner Protonen und Neutronen).

Von Pflanzen aufgenommen, gelangt er über die Nahrungskette schließlich auch in die Organismen anderer Lebewesen wie Mensch und Tier. Im Gegensatz zu den beiden anderen Kohlenstoffisotopen, ^{12}C und ^{13}C, bleibt ^{14}C in seiner Form allerdings nicht stabil, sondern zerfällt nach einiger Zeit. Da er aber immer neu in der Atmosphäre gebildet wird, bleibt der Anteil radioaktiven Kohlenstoffs dort weitestgehend gleich – und damit auch in allen lebenden Organismen, die ihn fortwährend aufnehmen. Mit dem Tod eines Lebewesens endet auch die Kohlenstoffaufnahme – die verbliebenen ^{14}C-Isotope zerfallen allmählich, und ihr Anteil im Körper nimmt ab. Nach 5730 Jahren ist die Hälfte des vom Organismus zu Lebzeiten aufgenommenen radioaktiven Kohlenstoffs zerfallen. Mithilfe dieser sogenannten Halbwertzeit lässt sich aus dem Verhältnis von stabil gebliebenen ^{12}C- und dem verbliebenen Rest ^{14}C-Isotopen errechnen, wie viel von letzteren bereits zerfallen ist und wann der Organismus die Aufnahme neuen Kohlenstoffs eingestellt hat, also gestorben ist. Damit können zwar keine auf Jahr und Tag exakten Kalenderdaten ermittelt werden, wohl aber mit einer gewissen Wahrscheinlichkeit eingrenzbare Zeiträume.

Dieses Verfahren kann grundsätzlich an jedem organischen Material, sofern es gut genug erhalten ist, vom kleinen Holzkohlestück bis zum Langknochen, angewendet werden und bietet sich deshalb für die archäologische Datierung besonders an. Die dafür errechneten Daten werden in Jahren BP angegeben – *Before Present*, »vor heute«. Wobei »heute« in diesem Fall das Jahr 1950 meint. Das ist kein willkürlich gewähltes Datum, sondern soll der langfristigen Veränderung des atmosphärischen Kohlenstoffs durch die beiden Atombombenabwürfe 1945 und folgender Atomwaffentests Rechnung tragen.

Der ^{14}C-Anteil in der Atmosphäre war jedoch auch vor diesen Ereignissen nicht stets gleichmäßig. Inzwischen wissen wir, dass beispielsweise unterschiedlich starke Sonnenaktivität ebenfalls Schwankungen hervorrufen kann. Die ermittelten Datierungen müssen deshalb mithilfe von Referenzdaten kalibriert werden. Dafür nutzen wir Radiokarbonmessungen bekannter Altersringe von Eichen, Mammutbäumen und Tannen, die immerhin gut 14 000 Jahre in die Vergangenheit zurückreichen. Die Verknüpfung mit weiteren Quellen und Daten, beispielsweise aus Mineralablagerungen in Tropfsteinen und Sedimentarchiven, erweitert diese chro-

nologische Reichweite gar auf 50 000 Jahre – was neun Halb-
wertszeiten entspricht. Bei noch älteren Proben allerdings
sind zu viele Atome zerfallen, zu wenige ^{14}C-Isotope für eine
belastbare Berechnung nachweisbar. In solchen Fällen müssen andere Isotope herhalten. Bei der *Kalium-Argon-Methode*
beispielsweise wird für die Altersbestimmung von Gesteinen
(wie vulkanischen Tuffablagerungen in den Fundschichten
früher *Hominiden*-Fossilien) das Verhältnis des radioaktiven
^{40}K-Isotops und seines Zerfallsprodukts, des Edelgases Ar-
gon, gemessen. ^{40}K hat eine Halbwertszeit von gut 1,3 Millionen Jahren. Immerhin.

Die Jahresringe von Bäumen eignen sich auch deshalb so
gut für die Erstellung von *Kalibrationskurven* und Referenzdaten, weil sie meist eine tatsächlich jahrgenaue Datierung
erlauben. Das ist die Grundlage der in den 1920er-Jahren vom
US-amerikanischen Astronomen Andrew E. Douglas be-
gründeten *Dendrochronologie*. Diese Datierungsmethode (der
Name leitet sich von *déndron*, dem griechischen Wort für
Baum, ab) macht sich zunutze, dass sich das Alter eines Baumes anhand seiner Jahresringe sehr genau auszählen lässt.

In den Nadel-, Misch- und Laubwäldern der gemäßigten
Klimazonen auf beiden Erdhalbkugeln bilden die Bäume
Jahr für Jahr solche Ringe aus. Deren Stärke schwankt je nach
vorherrschenden Umweltbedingungen und Versorgung der
Bäume mit Nährstoffen: In guten Jahren mit ausreichend
feuchtem Klima fallen sie dicker, in trockeneren Jahren entsprechend dünner aus. Nicht nur als Kalender eignen sich
diese Wachstumsringe also, sie sind auch noch passable *Kli-
maarchive*. Und weil alle Bäume einer Region auch den gleichen Umweltbedingungen ausgesetzt sind, bildet jede Art
ganz bestimmte, aber eben identische Jahresringe aus.

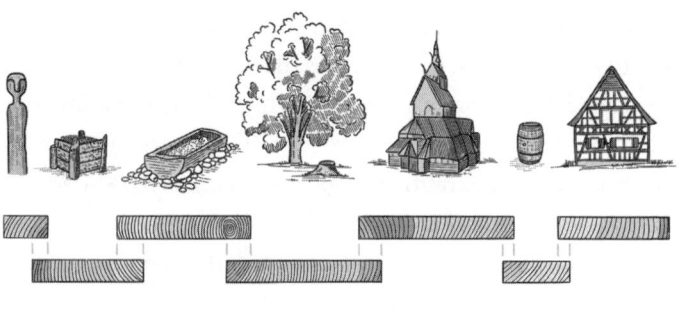

Beginnend bei jüngeren Hölzern, von denen wir wissen, in welchem Jahr die Bäume gefällt wurden, können deren Ringe mit weiteren Holzproben verglichen und diese mithilfe sich überschneidender Wachstumsmuster chronologisch aneinandergereiht werden – bis sich regelrechte Jahrringketten ergeben. Je mehr unterschiedliche Proben und Jahrringe auf diese Weise miteinander verknüpft werden können, desto umfangreicher sind die daraus entstehenden Kalender. Der »Hohenheimer Jahrringkalender« beispielsweise, ein Projekt des Instituts für Botanik an der Universität Hohenheim in Stuttgart, deckt für Mitteleuropa inzwischen lückenlos die vergangenen 12 500 Jahre ab – bis zum Ende der letzten Eiszeit. Und die Kolleginnen und Kollegen arbeiten daran, diesen Zeitraum weiter auszudehnen.

Findet sich nun auf einer Ausgrabung ein Holzobjekt, das genug Jahresringe erkennen lässt und aus einem Zeitraum stammt, der von einer solchen Jahrringkurve abgedeckt wird, kann dessen Alter dendrochronologisch recht genau bestimmt werden. Nur um tatsächlich auch das Fälldatum des Baumes zu ermitteln, bedarf es des jüngsten, äußersten Jahresrings unmittelbar hinter der Baumrinde. Diese »Waldkante« ist bei verarbeitetem Holz allerdings oft nicht mehr erhalten (weil geradegeschnittene und abgeschliffene Oberflächen sich ja doch besser für Mobiliar und Bauholz eignen), sodass wir hier den Altersbereich ebenfalls nur mit einer gewissen Wahrscheinlichkeit ermitteln können.

Außerdem sollte dabei nicht vergessen werden, dass so zunächst nur das Alter des verwendeten Materials bestimmt wird – nicht jedoch der Zeitpunkt, zu dem aus diesem Holz schließlich ein Pflug, Hauspfosten, Möbelstück, Musikinstrument oder Boot gefertigt wurde. Mancher Balken mag, man nennt das in der Datierung auch *Altholzeffekt*, länger ungenutzt herumgelegen oder zuvor bereits an anderer Stelle verbaut gewesen sein, bevor er schließlich seiner letzten Bestimmung zugeführt wurde. Gerade für besonders weit zurückliegende Perioden, für die erhaltene Holzfunde überhaupt schon eine außerordentlich glückliche Ausnahme darstellen, ist das aber eine verschmerzbare Einschränkung.

Mit der *Lumineszenz-Datierung* wiederum stehen uns sogar gleich zwei physikalische Methoden zur Altersbestimmung von Mineralien zur Verfügung, die ebenfalls auch in der Archäologie Anwendung finden. Einige dieser Mineralien, Quarz und Feldspat zum Beispiel, speichern Energie aus Zerfallsprozessen in der Natur vorkommender instabiler radioaktiver Isotope und der allgegenwärtigen kosmischen Hintergrundstrahlung. Sie tun das, indem sie aus dem Atomverband freigesetzte Elektronen in Störungen ihrer Kristallgitter »einfangen«. Je älter eine solche Probe ist, desto länger war sie dieser Strahlung ausgesetzt, desto mehr Elektronen sind dort gespeichert.

Die *Thermolumineszenzdatierung* (TL) nutzt aus, dass eben diese Elektronen bei starker Wärmezufuhr wieder frei werden und so die gespeicherte Energie erneut abgeben. Das ist beispielsweise beim Brennen von Lehmziegeln oder Tongefäßen der Fall. Der »Elektronenzähler« wird dabei sozusagen auf null zurückgesetzt, und die Energieaufnahme beginnt von Neuem. Werden dann Proben, beispielsweise von in einer Ausgrabung gefundenen Keramikscherben, im Labor wiederum auf mindestens 300 °C erhitzt, wird die in der Zwischenzeit gespeicherte Energie freigesetzt und in Form farbigen Lichts abgegeben – das »Wärmeleuchten«, dem die Thermolumineszenz ihren Namen verdankt. Diese Lichtmenge kann mithilfe einer speziellen Elektronenröhre gemessen und so die angesammelte Strahlendosis ermittelt werden. Über das Verhältnis dieser Dosis und der an der Fundstelle ermittelten Hintergrundstrahlung wird dann der Zeitpunkt des letzten Brennvorgangs, in unserem Beispiel also die Fertigstellung des Keramikgefäßes im Töpferofen, errechnet.

Auf der gleichen Grundlage und nach ähnlichem Prinzip funktioniert auch die Methode der *optisch stimulierten Lumineszenz* (OSL). Nur dass die gespeicherte Energie in diesem Falle nicht durch Wärme, sondern Licht bestimmter Wellenlänge freigesetzt wird. Statt sie zu erhitzen, werden die untersuchten Proben im Labor beleuchtet, um aus der abgestrahlten Energiemenge zu errechnen, wann das Sediment oder Gestein zuletzt dem Sonnenlicht ausgesetzt war. Das kann für die Datierung der Entstehung fundführender Bodenschichten oder der Verfüllung von Gebäuden (ganz im Sinne eines *terminus ante quem*) sehr nützlich sein.

Während die thermisch stimulierte Messmethode den Vorteil hat, dass beispielsweise Keramikscherben beim Brand von der Hitze ganz und gar durchdrungen werden, betrifft der für die optisch stimulierte Lumineszenz wichtige Belichtungseffekt nur die jeweils unmittelbare Oberfläche. Wo es bei der vollständig gebrannten Scherbe genügt, im Dunkellabor die äußere belichtete Schicht zu entfernen und eben die darunterliegende zu datieren, müssen entsprechende OSL-Proben in Dunkelheit gewonnen, transportiert und weiterverarbeitet werden, weil jeder erneute Tageslichtkontakt die Elektronen »zurücksetzen« und damit die Altersbestimmung durchkreuzen würde.

Mithilfe der Lumineszenzmessmethoden können in der Regel Funde bis zu einem Alter von 50 000 beziehungsweise 200 000 Jahren datiert werden. Bei noch deutlich älteren Funden hilft die *Elektronenspinresonanz-Datierung* (ESP), die einen Zeitraum von etwa 2 Millionen Jahren abdecken kann. Dieses Verfahren kommt für die Datierung von Fossilien und hier vor allem dem Zahnschmelz unter anderem auch früher Menschenvorfahren zum Einsatz. Dabei werden die zu untersuchenden Proben nicht wie bei den Lumineszenzmessungen Hitze oder Licht, sondern einem Magnetfeld und Mikrowellenenergie ausgesetzt, um magnetische Anomalien aufzuzeichnen, die durch die in den Kristallgittern »gefangenen« Elektronen entstehen. Je mehr solcher Abweichungen nachweisbar sind, desto länger war die Probe früherer Hintergrundstrahlung ausgesetzt, desto höher also auch in diesem Fall deren errechnetes Alter. Im Vergleich zur Lumineszenzdatierung hat diese Methode außerdem den Vorteil, dass Proben nach der Messung nicht »verbraucht« sind, sondern die Altersbestimmung wiederholt (und überprüft) werden kann.

All diese Datierungsmethoden sind wichtige Hilfsmittel auf dem Weg zum Verständnis der Chronologie eines Fundplatzes. Ein Datum allein aber ist wenig aussagekräftig. Deshalb entfalten diese vielfältigen Werkzeuge erst im Zusammenspiel ihre ganze Stärke. Wir versuchen also, Einzelbeobachtungen und Daten zusammenzuführen, verschiedene Quellen so zu kombinieren, dass sie einander in ihren Aussagen ergänzen und relative und absolute Chronologie sich gegenseitig stützen. Nur so kann es gelingen, das ausgegrabene Material einzuordnen, in eine stimmige Abfolge zu bringen und die Geschichte des Platzes und damit die seiner Menschen zu rekonstruieren.

Karten auf den Tisch:
Was bedeutet das nun alles?

Ein halbes Dutzend Ordner mit handschriftlichen Notizen, Skizzen und Grabungstagebüchern im Regal, Festplatten voll Fotos, Messdaten und digitaler Modelle, großformatige Steinplanzeichnungen, ordentlich zusammengerollt in einem Plastikköcher neben der Tür, aus der Bibliothek geliehe-

ne Bücher über Siedlungsgrabungen der letzten 20 Jahre und ein Stapel ausgedruckter Aufsätze zu Bestattungsritualen auf dem Schreibtisch – dass so eine Ausgrabung mehr als Fundkisten und Probensammlungen produziert, beweist schon ein flüchtiger Blick in vollgestellte Archäologen-Büros.

All diese Unterlagen, von den Geomagnetikplänen zur Lokalisierung bestimmter Befunde über die detaillierte Beschreibung ihrer Freilegung, die dort gemachten Funde und die Ergebnisse analysierter Proben bis hin zu Datierungen und in der Literatur gefundenen Analogien, all diese Arbeitsschritte haben im Verlauf der Grabung und der mit ihr zusammenhängenden Arbeiten eine Fülle an Daten generiert: Können wir mit ihrer Hilfe die vor und zu Beginn der Ausgrabungen formulierten Fragestellungen nun beantworten? Sind während der Arbeiten oder dieser Auswertung womöglich neue hinzugekommen? Vor allem aber steht da am Ende noch immer diese eine Frage: Was bedeutet das alles?

Um aus der umfangreichen Material- und Faktensammlung tatsächlich auch neues Wissen über die Vergangenheit zu gewinnen, müssen wir all diese Informationen zunächst strukturieren und miteinander verknüpfen. Für die auf der Ausgrabung eingemessenen Befundsituationen und Funde, für die dort erstellten Pläne von Grabungsarealen, die Schnittansichten, Fotografien und weitere digitalisierte (und mittels Koordinaten georeferenzierte) Dokumentation kann das, wenigstens auf einer technischen Ebene, beispielsweise mithilfe eines *Geoinformationssystems* (GIS) geschehen. Solche Programme erlauben es, Geodaten in großem Umfang softwaregestützt zu erfassen, zu verwalten und auszuwerten. Das Ergebnis ist ein ansehnlicher digitaler (und vollständiger) Grabungsplan, in dem wir uns am Schreibtisch über die einzelnen Flächen und durch die Fundschichten bewegen können. Ergänzt um die im Verlauf von Fundaufnahme und -untersuchung erstellten Datenbanken, genügt (sofern auch die Geodaten der entsprechenden Befunde Eingang gefunden haben) ein Mausklick, um die Fundstellen zum Beispiel aller Bronzeperlen oder die Position dieses einen besonderen Keramikgefäßes in ihrem jeweiligen Umfeld anzuzeigen.

So wie das GIS uns bei der Strukturierung des physischen und digitalen Datenbestands unterstützt, benötigen wir für die Rekonstruktion des kulturellen Kontexts – wer hat hier gelebt, wer hat all diese Dinge hergestellt und benutzt, wie sind sie schließlich in den Boden gelangt? – ein gedankliches Instrumentarium. Konzepte, die helfen mit den uns zur Verfügung stehenden, allerdings in unserer eigenen Gegenwart verwurzelten Interpretationsansätzen auch diese Vergangenheit greifen zu können. Die Theorie zur Ausgrabungspraxis, sozusagen. Oder viel mehr: Theorien. Denn als Kulturwissenschaft kann die Archäologie aus einer Fülle entsprechender Ansätze ganz verschiedener geistes- und sozialwissenschaftlicher Disziplinen schöpfen, von der Soziologie über die Psychologie und Kommunikationswissenschaft bis hin zu Politik- und Wirtschaftswissenschaften. Darüber hinaus haben sich auch im Fach selbst theoretische Strömungen mit eigenen Schwerpunkten und Methoden entwickelt.

Unter diesen vertritt die *Kulturhistorische Archäologie* den ältesten, bis in die Anfangszeit des Fachs zurückreichenden Ansatz. Der verbindet den materiellen Kulturbegriff, also bestimmte Formen und Verzierungen beispielsweise von Keramikgefäßen innerhalb einer Region, mit ethnischen Gruppen – und setzt damit zugleich voraus, dass das Verbreitungsgebiet dieser Artefakte auch das Territorium eines konkreten Volkes markiert (was den Ursprung vieler synonym für ganze Kulturkomplexe benutzte materielle Bezeichnungen wie »Linearbandkeramiker« oder »Trichterbecherleute« erklärt). Verbunden mit der Annahme, dass Innovationen nur selten, an bestimmten Orten und unter bestimmten Voraussetzungen entstehen und sich dann von dort ausbreiten (eine als *Diffusionismus* bekannte Theorie), versucht der kulturhistorische Ansatz die Geschichte dieser »Völker« mithilfe deren Wanderungsbewegungen nachzuvollziehen.

Die Gleichsetzung materieller Kultur mit konkreten Volksgruppen hat berechtigte Kritik auf sich gezogen, nicht zuletzt auch wegen der engen Verknüpfung mit nationalistischem Gedankengut – wie zum Beispiel die Vereinnahmung des Germanenbegriffs durch völkische Archäologen und politische Ideologien des 19. und frühen 20. Jahrhunderts gezeigt hat (und, man muss es leider festhalten, auch heute in bestimmten politischen Kreisen noch immer nicht aus der Mode gekommen ist).

Seit den 1960er-Jahren hat sich insbesondere im englischsprachigen Raum Widerspruch dagegen geregt, die Archäologie allein als Wissenschaft zur Klassifikation von Artefakten auszuüben. Eine *New Archaeology* sollte her.

Eine, die sich mit Fragen zur Funktion dieser Objekte und zu den Prozessen, die hinter deren Entstehung und Nutzung standen, auseinandersetzen sollte – und die deshalb heute meist als *Prozessuale Archäologie* bezeichnet wird. Ihr an naturwissenschaftliche Systematik angelehntes Ziel ist es, statt vom einzelnen Fund oder Befund auf komplexe kulturelle Erscheinungen schließen zu wollen, allgemeine Gesetzmäßigkeiten für menschliches Handeln unter bestimmten Bedingungen zu ermitteln – und einzelne archäologische Beispiele zur Überprüfung dieser Hypothesen heranzuziehen. Dem liegt ein ebenfalls aus den Naturwissenschaften entliehenes evolutionistisches Modell zugrunde, das Kultur als Anpassungsprozess (an Umweltbedingungen beispielsweise) und stufenartige Entwicklung von einfachen (etwa Jäger- und Sammlerkulturen wie in der Steinzeit) hin zu komplexen Gesellschaften (zum Beispiel in Form früher Stadtstaaten wie in Mesopotamien im vierten und dritten Jahrtausend v. Chr.) begreift.

Die Annahme, dass vorrangig äußere Einflüsse kulturentscheidend seien und deren Entwicklung immer nach ähnlichem Schema ablaufe, rief ihrerseits Kritik hervor. Der Diversität menschlicher Gemeinschaften und ihrer unterschiedlichen sozialen Gruppen könne ein solcher Ansatz nicht gerecht werden, bemängeln die Vertreterinnen und Vertreter der *Postprozessualen Archäologie*. Außerdem betonen sie die nur vorgebliche Objektivität prozessualer Deutungsansätze. Schon die Datenerhebung hänge ja während Ausgrabung und Dokumentation von vielen individuellen Entscheidungen ab – die Interpretation dann erst recht. Das bedeute, argumentieren sie, dass wir gar kein objektives Bild der Vergangenheit rekonstruieren könnten. Da aber auch die Menschen früherer Epochen ganz individuelle Beweggründe für ihr Handeln hatten, wäre es aus postprozessualer Perspektive betrachtet sinnvoller, gesellschaftlichen Wandel nicht als passive Veränderung materieller Kultur, von Töpfen, Waffen und Geräten, oder das Ergebnis von Umwelteinflüssen zu begreifen, sondern zu versuchen die Motivation hinter diesem Wandel nachzuvollziehen – und neben der funktionalen Bedeutung von Artefakten insbesondere auch nach deren kultureller, symbolischer Rolle zu fragen. Und nach den Intentionen und Handlungen der Menschen, die letztlich dahinterstehen.

Zusammengenommen geben all die Funde und Befunde einer Ausgrabung, all die erhobenen Daten, Vergleiche und Analysen die Grenzen unserer Interpretation vor. Sie sind die Fakten, die den Rahmen festlegen, in dem wir dieses Puzzle zusammensetzen. Das Bild, das dabei entsteht, kann aber nur eine Momentaufnahme sein. Unsere Interpretation ist subjektiv und bildet im besten Falle den jeweils aktuellen Forschungsstand ab – der aber kann sich verändern. Neue Forschungen und Funde, neue Analysemethoden und Untersuchungen können neue Puzzleteile hinzufügen und alten eine neue Form geben. Da kann sich die im 19. Jahrhundert in einer reichen frühmittelalterlichen Bestattung bei Xanten entdeckte Krone schon einmal als Eimerhenkel herausstellen.

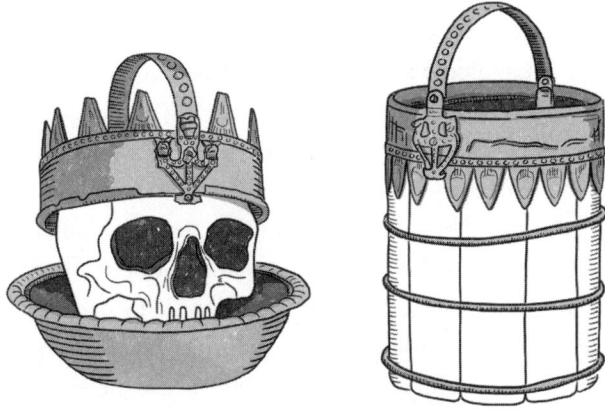

Krone oder Eimer? Vergleichsfunde halfen, den Metallbeschlag aus einem reich ausgestatten frühmittelalterlichen Grab in Xanten richtig einzuordnen.

Funde gut erhaltener Holzeimer mit ganz ähnlichen Bronzebeschlägen nämlich ließen den ursprünglich als »königlichen« Kopfschmuck gedeuteten Bronzereif mit Bügel und verzierten Dreiecken in ganz anderem Licht erscheinen.

Und die wiederholte Untersuchung der Überreste einer 1934 in Bad Dürrenberg geborgenen etwa 9 000 Jahre alten Doppelbestattung brachte immer wieder neue Details hervor: Dass dort beispielswies statt, wie zunächst angenommen, eines Mannes eine Frau zusammen mit einem Kind zur letzten Ruhe gebettet wurde. Dass diese Frau medizinische Anomalien aufwies, die sie auch in ihrer Gemeinschaft zu etwas Besonderem gemacht haben dürften – und zur Interpretation der ungewöhnlichen Grabbeigaben, darunter eine Geweihmaske, als Ausstattung einer »Schamanin« passten. Dass das mit ihr bestattete Kind nicht ihres, aber mit ihr verwandt war. Dass die Grabkammer der beiden mit einem Weidengeflecht und weißem und rotem Lehm aufwendig gestaltet war und dass offenbar noch Jahrhunderte später weitere Hirschgeweihmasken dort niedergelegt wurden.

Die Archäologie ist weder in der Lage, noch hat sie den Anspruch, »die Wahrheit« über die Vergangenheit zu präsentieren. Dazu bräuchten wir schon eine Zeitmaschine, um selbst Augenzeugen dieses Geschehens zu werden. Aber wir können mögliche Szenarien dieser Vergangenheit aufzeigen. Sehr wahrscheinliche Szenarien sogar. Deutlicher als je zuvor lässt die moderne Archäologie, lässt die fächerübergreifende Zusammenarbeit bei Ausgrabung, Auswertung und Interpretation archäologischer Befunde heute die Menschen von gestern und vorgestern aus dem Nebel dieser Vergangenheit hervortreten.

MEHR ALS GRABUNG

Das alles und noch viel mehr

Eines dürfte auf den letzten Seiten deutlich geworden sein: Mit der Ausgrabung allein ist es nicht getan, wenn Archäologinnen ihr und unser aller Wissen über die Vergangenheit erweitern wollen. Viele schlaue Köpfe und noch mehr fleißige Hände, zahlreiche wissenschaftliche Disziplinen und Untersuchungsmethoden tragen mit ihren Forschungen dazu bei. Das Arbeitsfeld von Archäologen reicht weiter als die mit Flatterband markierten Grenzen einer Ausgrabungsstätte. Weiter noch, als der hier gegebene Einblick in den Ausgrabungsalltag und die umfangreiche Aufbereitung und Auswertung von Grabungsergebnissen es abdecken könnte.

Schließlich soll diese Forschung uns die Menschen der Vergangenheit, deren Leben und die Welt, in der sie lebten, näherbringen. Sie soll uns zeigen, woher wir kommen, und die vielfältige Kultur menschlicher Gemeinschaften vor Augen führen. Sie soll uns zeigen, wohin wir gehen und was uns als Gesellschaft verbindet. Dafür müssen wir all diese Forschungsergebnisse aufbereiten und vermitteln. In Fachpublikationen und Konferenzbeiträgen tragen Wissenschaftler im Austausch mit Kolleginnen dazu bei, Erkenntnisse zu verknüpfen und zu verbreiten. Wenn aber diese Erkenntnisse einen Beitrag auch zu aktuellen gesellschaftlichen Debatten liefern sollen – und das können sie, wie aktuelle Forschungen zum Beispiel zu Anpassungsstrategien an Umwelt- und Klimawandel in der Vergangenheit zeigen –, müssen sie dort auch wahrgenommen und einer breiten Öffentlichkeit zugänglich gemacht werden.

Auch das ist Aufgabe von Archäologinnen und Archäologen. In Museen kuratieren und managen sie Ausstellungen, sie halten Vorträge, stehen Schülerinnen und Studierenden Rede und Antwort, sitzen in Verlagen und Redaktionen. Sie helfen, Bauvorhaben zu prüfen, inventarisieren Funde und unterstützen Spezialisten bei der Konservierung und Restaurierung.

Schutz und Erhalt sind inzwischen gar eine der wichtigsten Aufgaben archäologischer Beschäftigung geworden. Nicht nur die eigene Feldforschung macht es notwendig, die ausgegrabenen Gegenstände und Strukturen langfristig zu erhalten. Archäologisches Kulturgut ist auch im Alltag immer wieder der Gefahr von Beschädigung oder Zerstörung ausgesetzt – nicht nur durch Plünderung und gezielte Angriffe. Der immer deutlicher sichtbar werdende Klimawandel hat nicht nur spürbare Auswirkungen auf unseren Lebensalltag und lässt uns besorgt in die Zukunft blicken – Erosion, Sturmfluten und tauende Gletscher bedrohen auch Bodenbefunde. Ruinen und zahlreiche weitere Zeugnisse der Vergangenheit könnten unwiederbringlich verloren gehen.

Sichern. Bewahren. Schützen.

Schon in dem Moment, in dem wir archäologische Überreste ausgraben, sehen wir uns im Grunde mit der Frage nach ihrem Erhalt konfrontiert. Was im Boden meist gut geschützt Jahrhunderte und Jahrtausende überstand, ist nach der Ausgrabung Wind und Wetter ausgesetzt. Dass deshalb nach Abschluss der Arbeiten und ausführlicher Dokumentation die erneute Verfüllung der Ausgrabungsschnitte die sicherste

Maßnahme wäre, hatten wir bereits festgehalten. Ebenso dass das nicht immer angestrebt wird. Nicht nur als Wirtschaftsfaktor spielen archäologische Stätten im Tourismus eine nicht zu unterschätzende Rolle. Kulturelles Erbe bedeutet auch Identität. Archäologische Stätten und Denkmäler können Brücken sein in die Geschichte eines Landes, einer Region, einer Gemeinschaft – und in die eigene Geschichte. In unsere gemeinsame Geschichte.[35] Vielleicht erscheinen uns gerade deshalb solche Funde wie die unter der Asche konservierten Straßenszenen von Pompeji, die negative Bewertung des unzufriedenen babylonischen Kupferkäufers oder die versteinerten Fußspuren spielender Kinder so vertraut, weil sie uns das plötzlich gar nicht mehr so fern scheinende alltägliche Leben früherer Jahrhunderte vor Augen führen und wir uns selbst in diesen Menschen wiedererkennen.

Auch deshalb müssen Ausgrabung und das Bemühen um den Erhalt solcher Überreste Hand in Hand gehen. Das meint nicht zwingend, dass wir die freigelegten Gebäude immer auch in ihrem ursprünglichen Zustand wieder aufbauen müssen, wie auf Kreta mit dem in vielen farbigen Details rekonstruierten minoischen Palast von Knossos geschehen oder das jüngst im Barockstil neu errichtete Berliner Stadtschloss. Aus archäologischer und bauhistorischer Sicht wäre

---

35 Aus denselben Gründen werden, leider, ausgerechnet diese Stätten aber auch Ziel kalkulierter Zerstörung, um damit zugleich kulturelle Identität und Selbstbestimmung der angegriffenen Gemeinschaften zu untergraben – die Bilder der durch den sogenannten Islamischen Staat gesprengten Stätten im syrischen Palmyra sind uns noch all zu präsent. Und dieser Tage gesellen sich immer neue hinzu; auch im russischen Angriffskrieg auf die Ukraine zählen Museen und andere Kulturstätten zu den Zielen.

das oft sogar die weniger wünschenswerte Wahl. Viel mehr ist uns da zunächst am Schutz erhaltener Substanz vor Witterungseinflüssen und Feuchtigkeit gelegen; vor Erosion und Wind, die Böden abtragen, Hänge destabilisieren und Oberflächen schleifen. Stütz- und Stabilisierungsmaßnahmen sichern Mauern und andere Bauteile, Schutzdächer oder umfängliche Schutzbauten (in deren Schatten sich auch schon während der Grabung gut arbeiten lässt) die Reste ganzer Gebäude.

Restaurierungsmaßnahmen, die in die originale Substanz eingreifen, finden heute nur noch sehr zurückhaltend statt und beschränken sich vor allen Dingen auf die Sicherung bröckelnder Mauerkronen und auf tatsächlich gefährdete Elemente. Eine echte Rekonstruktion, bei der der erhaltene Baubefund vervollständigt und wiederaufgebaut wird, stellt meist die Ausnahme dar. Bei solchen Eingriffen müssen wir uns bewusst machen, dass es sich oft weniger um eine Wiederherstellung des ursprünglichen Zustands (den wir meist ja gar nicht kennen) als um einen »Nachbau« handelt; den Neubau eines alten Gebäudes sozusagen. Die Kriegsruine des historischen Schlosses in Berlin war 1950 gesprengt worden – der heute das Humboldt Forum beherbergende Bau wurde von Grund auf nach Vorlage alter Fotografien und der archäologisch dokumentierten Fundamente (re-)konstruiert. Und mit seinem nicht unumstrittenen Wiederaufbau des Palastes in Knossos zementierte Arthur Evans vor allem seine eigene Interpretation der von ihm ausgegrabenen Ruinen. Und zwar im Wortsinne, denn die ursprünglichen Befunde werden von den Beton-Nachbauten überdeckt.

Gerade weil eine Rekonstruktion immer auch Interpretation ist, sollte sie sich im verwendeten Material vom originalen Befund absetzen, um genau das deutlich zu machen. Die Ausnahme stellt hier, bekannte Beispiele sind die römische Celsus-Bibliothek im türkischen Ephesos oder die im Bosnien-Krieg 1993 zerstörte Stari Most in Mostar, der Wiederaufbau mit am Ort verbliebenen originalen Bauteilen dar. Bauforscher verwenden dafür (falls das einmal im Kreuzworträtsel abgefragt werden sollte) den Begriff der *Anastilosis*, vom Griechischen *ana* (»wieder«) und *stelos* (»Stele«), beziehungsweise *Anastylose*, von *stylos* (»Säule«).

Für jeden dieser Schritte ist die Kenntnis des ursprünglichen archäologischen Befunds und des Kontexts von Architektur und Bauteilen Voraussetzung. Die Ergebnisse bau-

Die 1993 zerstörte Stari Most (»Alte Brücke«) in Mostar, Bosnien-Herzegowina, wurde ab 2002 mit Hilfe der noch vorhandenen ursprünglichen Steine wiederaufgebaut. Fehlende wurden aus demselben Steinbruch ersetzt, aus dem schon 1566 das Material für den ursprünglichen Bau stammte.

historischer Untersuchung schaffen die Grundlage, Erhaltungszustand und notwendige Konservierungsmaßnahmen einzuschätzen. Eine Expertise, die beispielsweise auch zum Einsatz kommt, wo Denkmäler infolge von Unglücksfällen, gezielten Angriffen oder Naturkatastrophen zu Schaden gekommen sind und dringender Sicherung bedürfen, um weiteren Verlust zu verhindern. Sobald humanitäre Rettungs- und Hilfsaktionen eingeleitet sind (was immer Vorrang hat), nehmen nach Tragödien wie den Flutkatastrophen in Rheinland-Pfalz und Nordrhein-Westfalen 2021 oder den jüngsten heftigen Erdbeben in der Türkei und Syrien auch archäologisch geschulte Fachkräfte ihre Arbeit auf, um das Ausmaß von Beschädigung und Zerstörung zu ermitteln und Sicherungsmaßnamen in die Wege zu leiten.

Immer häufiger wird archäologisches Eingreifen auch infolge von Klimawandel und Umweltveränderung notwendig. Dank einzigartiger Erhaltungsbedingungen geben beispielsweise die Permafrostböden der Arktis aufsehenerregende Entdeckungen preis: Siedlungsreste und Bestattungen mit ausgezeichnet konservierten organischen Resten, kunstvolle Schnitzereien in Mammutelfenbein, ganze Mammutmumien gar. Auch aus den Tiefen sich zurückziehender Gletscher tauchen beeindruckende Funde auf – unlängst konnten Kolleginnen und Kollegen aus Norwegen beispielsweise den Fund eines etwa 1100 Jahre alten einzelnen Fausthandschuhs (das Phänomen, sie immer einzeln zu verlieren, reicht offenkundig also weit zurück) und eines ebenfalls wikingerzeitlichen hölzernen Skis vermelden (hier hatte das Eis das passende Gegenstück immerhin bereits sieben Jahre zuvor freigegeben).

Funde, die eigentlich grenzenlose Begeisterung auslösen

sollten. Allein, es sind zu viele. Zu rasch folgt eine Entdeckung der nächsten, muss dokumentiert und gesichert werden. Kaum an der Luft, beginnen Bakterien und andere Mikroorganismen ihr zerstörerisches Werk – werden die spektakulären Objekte nicht konservatorisch behandelt, verrotten sie den Kollegen unter den Händen.

Hinzu kommt eine weitere, nicht selten unterschätzte oder ausschließlich in mehr oder minder fernen Konflikten vermutete Bedrohung von Kulturgut. Aber nicht nur in Krisenregionen sind Raubgrabungen und Plünderung archäologischer Stätten und Bodendenkmäler ein ernstzunehmendes Problem. Undokumentierte Ausgrabungen und die nicht fachgerechte Bergung von Funden führt überall auf der Welt, auch hier vor unserer eigenen Haustür, zu unwiederbringlichem Verlust wichtiger Quellen und manchmal einmaliger Informationen über die Vergangenheit.

Wer's findet, darf's behalten?

International steht Staaten eine Reihe verschiedener Möglichkeiten zur Verfügung, das Kulturgut des eigenen Landes zu schützen. Sie können besonders schutzbedürftige und geschützte Stätten und Denkmäler ausweisen (inklusive nicht ausgegrabener Funde und Reste im Boden, erhaltener Hügelgräber und durch Oberflächenfunde bekannter urgeschichtlicher Siedlungsflächen, Kloster- oder Burganlagen und Friedhöfe zum Beispiel), bestimmte Gegenstände oder ganze Objektgruppen, archäologische Funde, Kunstgegenstände und Bibliotheken und Archive unter Schutz stellen und deren Handel und Ausfuhr reglementieren. Meist ist das über die jeweiligen nationalen Antiken- beziehungsweise Denkmal-schutzgesetze geregelt. Bevor man auf einer Reise ein solches Mitbringsel erwirbt oder einen hübschen Zufallsfund beim Strandspaziergang als Souvenir in die Tasche steckt (selbst wenn es sich dabei vermeintlich nur um einen Stein handelt, denn selbst die können unter Umständen als »geschützt« gelten – oder sich als Artefakt herausstellen), lohnt es also, die jeweiligen örtlichen Bestimmungen zu studieren. Im Zweifelsfall kann das unangenehme Begegnungen mit dem Zoll, gar empfindliche Strafen verhindern.

In Deutschland regelt ein 2016 neu gefasstes Kulturgut-schutzgesetz den Umgang mit Objekten, die für die kulturelle Identität unseres Landes von besonderer Bedeutung sind.[36] Damit soll der illegale Handel mit archäologischen Funden und sogenanntem national wertvollen Kulturgut kontrolliert und verhindert werden.

Wie ist das aber, wenn man nun beim Waldspaziergang im Osnabrücker Land über eine römische Münze stolpert oder beim Ausheben der Grube für einen Swimmingpool plötzlich ein bronzezeitliches Kriegergrab im Garten hat (wie es 2021 einer Familie in Sachsen-Anhalt erging)?

Im Allgemeinen ist die archäologische Denkmalpflege in der Bundesrepublik Ländersache, weshalb es hier 16 Landes-denkmalämter und 16 verschiedene Denkmalschutzgesetze mit jeweils eigenen Bestimmungen gibt. Sie definieren, was

---

36 Jedes Bundesland führt dazu ein eigenes Verzeichnis solch besonders wertvollen Kulturguts. Dazu zählen unter anderem (aber nicht ausschließlich) die bronzezeitliche Himmelsscheibe von Nebra, die Reisetagebücher Alexander von Humboldts, wertvolle Gutenberg-Bibeln und zahlreiche bedeutende Kunstwerke in deutschen Museen und Gallerien.

in jedem Bundesland als Kultur- oder Bodendenkmal gilt, führen Denkmalverzeichnisse und legen Grabungsschutzgebiete fest, in denen ohne ihre ausdrückliche Erlaubnis keine Bodeneingriffe erfolgen dürfen. Auch anderenorts bedarf gezieltes Suchen und Graben nach historischen und archäologischen Bodenfunden einer ausdrücklichen behördlichen Genehmigung. In vielen Bundesländern schließt das bereits den Einsatz eines Metalldetektors ein (der im Bereich bekannter Denkmäler und historischer Orte ohnehin untersagt ist).

Für das im eigenen Garten unverhofft freigelegte Bronzeschwert oder die auf frisch gepflügtem Acker im Sonnenlicht funkelnde Münze gilt: melden! Archäologische und historische Funde (dazu zählen in einigen Bundesländern ausdrücklich auch Überreste aus den beiden Weltkriegen) unterliegen der Meldepflicht an die zuständigen Behörden. Und zuständig sind in diesem Fall besagte Denkmalämter. Aber auch lokale Museen können im Zweifelsfall weiterhelfen und vermitteln. Dann dürften bald die zuständigen Kolleginnen und Kollegen anrücken, um sich ein Bild zu machen – und gegebenenfalls die weitere Ausgrabung und Fundbergung zu übernehmen.

Grundsätzlich regelt das Bürgerliche Gesetzbuch, dass herrenlose Fundsachen (bei archäologischen Objekten gestaltet es sich in der Regel einigermaßen schwierig, den ursprünglichen Eigentümer ausfindig zu machen) je zur Hälfte der Finderin und dem Landbesitzer gehören. Bei archäologischen und historischen Funden, die als kulturelles Erbe und Allgemeingut betrachtet werden, kann das anders aussehen – vor allem, wenn ihnen ein besonderer wissenschaftlicher Wert zugeschrieben wird oder sie, zum Beispiel bei baubegleitenden Untersuchungen, ohnehin in staatlichem Auftrag ausgegraben wurden.

In 15 der 16 deutschen Bundesländer greift in diesem Fall das sogenannte *Schatzregal*. Auch wenn es witzig wäre, ist damit nicht der Aufbewahrungsort solcher Funde im Keller des Landesamts gemeint, sondern eine aus dem Mittelalter stammende Rechtsregelung. Als eines der *iura regalia*, der »königlichen Rechte«, verfügt sie, dass aufgefundene Schätze automatisch dem Staat zufallen. Finderin oder Finder können allerdings unter Umständen sehr wohl Anspruch auf eine Entschädigung haben – nur richtet sich die eben nicht nach dem Wert des Fundes (was aus wissenschaftlicher Perspektive auch schwer zu beziffern wäre), sondern nach dem ihnen entstandenen Aufwand. »Besonderer wissenschaftlicher Wert« heißt aber auch, dass die Denkmalbehörden nicht zwingend auf Ablieferung jeder gefundenen Münze und Feuersteinklinge bestehen müssen und es in der Beurteilung des Wertes einen Spielraum gibt. Solange diese Entdeckungen nur eben gemeldet werden, denn: Nicht das einzelne Objekt macht immer auch den spannenden Fund aus, sondern – wir erinnern uns – dessen Fundumstände und die damit verbundenen Erkenntnisse. Auch das 16. Bundesland, Bayern, hat inzwischen übrigens die Einführung eines Schatzregals beschlossen.[37]

Man mag es bedauern, dass Privatpersonen in Deutsch-

---

37 Manchmal geht es in der Politik dann doch schneller: Während dieses Manuskript gerade im Druck ist, hat der Bayerische Landtag Mitte Juni das neue Denkmalschutzgesetz nach zweiter Lesung mit breiter Mehrheit verabschiedet. Am 1. Juli 2023 ist es schließlich in Kraft getreten – damit gilt das »Schatzregal« nun mehr in allen deutschen Bundesländern.

land in der Regel keine amtliche Genehmigung zur Ausgrabung von Bodendenkmälern erhalten. Nach der Lektüre dieses Buches wird man vielleicht nachvollziehen können, dass das vor allem deren Schutz gilt. Die meisten Landesdenkmalämter aber bieten die Möglichkeit einer ehrenamtlichen Mitarbeit auch für Laien an. Und um ehrlich zu sein, freuen sich die Kollegen sogar über Unterstützung, denn um all die Wiesen, Ackerflächen und Waldwege in ihren Zuständigkeitsbereichen im Auge zu behalten, fehlt es schlicht an Zeit und Personal. Weshalb die Unterstützung engagierter ehrenamtlicher Denkmalpflegerinnen willkommen ist, die in vielen Bundesländern fachkundig aus- und weitergebildet und über die Grundlagen archäologischen Arbeitens, über Funddokumentation und Fundbergung aufgeklärt werden. So können sie, können *Sie*, dabei helfen, diese Zeugnisse zu schützen und unser Wissen über die Vergangenheit bei Grabungspraktika und Geländebegehungen ein Stück weiter voranzubringen. So wie jene Teilnehmer einer Metalldetektorübung, die, nur wenige Tage bevor diese Zeilen hier zu Papier gebracht wurden, auf einem Feld in Schleswig-Holstein, ganz in der Nähe der Wikingersiedlung Haithabu, unverhofft einen Hortfund mit Goldmünzen und Schmuck aus dem 13. Jahrhundert entdeckt haben.

Aber was hat das jetzt
mit mir zu tun?

Kulturerbe und Identität, die Vergangenheit rekonstruieren und Einblicke in das Leben früherer Menschen und Gemeinschaften – schön und gut, nur was soll das alles mit uns, mit unserem Alltag zu tun haben? Warum sollte irgendetwas davon irgendwie relevant für unser Leben heute sein?

Weil diese Neugier und der Drang nach neuem Wissen zu jenen Eigenschaften zählen, die uns Menschen auszeichnen. Die uns Neues finden und erfinden lassen. Die uns diesen Alltag mit Erfahrung und Kreativität ordnen und gestalten lassen. Und uns als Gesellschaft verändern und voranbringen.

Was wir als »unsere Kultur« begreifen, was diese unsere Gesellschaft im Innern ausmacht, ist über Generationen angehäufte Erfahrung. Die Summe früherer Neugier. Wir haben die Welt erschlossen, Technologien entwickelt und begonnen, das Universum zu verstehen. Doch all dieses Wissen fußt (um das Gleichnis von den Zwergen, die auf den Schultern von Riesen sitzen, zu bemühen) auf vorangegangenen Errungenschaften. Archäologische Forschung hilft dabei, dieses Fundament freizulegen. Sie kann uns zeigen, wo und wann und wie Menschen gelebt haben. Und sie alle haben eine Geschichte. Wo uns diese Geschichte nicht überliefert ist, weil Gemeinschaften, Familien und Individuen in schriftlichen Quellen unsichtbar bleiben oder es gar keine Schriftzeugnisse gibt, können archäologische Funde ihnen eine Stimme geben. Nicht nur Pharaonen, Königen und Häuptlingen mit ihren beeindruckenden Monumenten und reichen Bestattungen – auch den Töpferinnen und Bauern, Jägerinnen und Kriegern, Priesterinnen und Schmieden, Müttern und Vätern und Kindern, die wir im archäologischen Befund ein Stück ihres Lebensweges begleiten können.

Was für sie nur eine Momentaufnahme war, ein kurzer Ausschnitt, fügt sich für uns zu einer langen Reihe solcher Bilder. Dank ihnen lernen wir, wie Gesellschaften und deren Lebensumstände, wie ihre Lebensräume sich entwickeln und im Laufe der Zeit verändern. Sie bieten uns die Perspektive zu reflektieren, wo wir gerade selbst stehen, sie helfen uns diese Welt – und unseren eigenen Platz darin – besser zu verstehen.

Lösungen für heutige gesellschaftliche Herausforderungen zu finden – von Klimawandel und Ernährungssicherheit bis Flucht und Vertreibung –, bedeutet vor allem, Ursache und Entwicklung dieser Probleme zu erkennen. Mit dem Blick auf frühere Gesellschaften fragen wir uns, wie Menschen damals mit ähnlichen Herausforderungen umgegangen sind. Diese lange archäologische Wahrnehmung kann uns zeigen, welche Lösungsansätze schon einmal erfolgreich waren. Und welche wirkungslos blieben oder das gewünschte Ziel nicht erreicht haben. So können wir vermeiden, Fehler zu wiederholen. So können wir eine bessere Zukunft gestalten. Nicht nur für uns selbst, sondern auch für jene, die nach uns kommen – und uns vielleicht eines Tages mit ganz ähnlichem Blick zurück betrachten werden.

Archäologisch gewonnene Erkenntnisse zu Bewässerungssystemen und Ressourcenmanagement in Trockengebieten können ebenso zu moderner nachhaltiger Landwirtschaft beitragen wie das Wissen um traditionelle regionale Nutzpflanzen, die von früheren Ackerbaugemeinschaften wegen ihrer höheren Widerstandsfähigkeit gegen Klimaveränderungen ausgewählt wurden. Wir können nachvollziehen, wie Gesellschaften mit demografischem Wandel umgingen und welchen Einfluss kulturelle und ethnische Vielfalt auf die Entwicklung von (archäologischen) Kulturen und (menschlicher) Kultur hatte. Dass Empathie und die Fürsorge für Schwächere ganz wesentlicher Teil dieser, unserer Kultur sind, kann moderne archäologische Forschung uns vor Augen führen. Zahlreiche Beispiele aus Bestattungen verletzter oder körperlich schwer beeinträchtigter Personen, die auf sich allein gestellt kaum überlebt hätten, im Schutz der Gemeinschaft aber dennoch alt werden konnten, lassen sich bis in die Altsteinzeit zurückverfolgen und schließen Neandertaler und womöglich gar noch ältere Menschenarten mit ein.

Als Geschichtswissenschaft richtet die Archäologie ihre Aufmerksamkeit auf die Vergangenheit – als Kulturwissenschaft hält sie aber auch unserer Gegenwart einen Spiegel vor. Und lässt mit diesem Wissen, wie sich Gesellschaften einst entwickelt haben, erahnen, wie unsere Zukunft aussieht. Oder besser: aussehen könnte. Welche Spuren, welche Botschaften wir vielleicht einmal hinterlassen werden.

Dank

So ein Buch schreibt man nie wirklich allein. Ich jedenfalls habe dieses hier nicht wirklich allein geschrieben. Auch wenn am Ende schon ich es war, der die Gedanken zu Papier gebracht hat, wäre all das nie möglich gewesen ohne eine ganze Menge Leute, die auf die eine oder andere Weise im Hintergrund daran beteiligt waren. Manchmal vielleicht sogar mehr, als sie selbst in diesem Moment geahnt haben. All ihnen gilt mein ehrlicher, tief empfundener Dank.

Da ist zunächst allen voran meine Familie zu nennen, die mich in den langen Jahren archäologischen und den kurzen des schriftstellerischen Schaffens nach Kräften unterstützt hat. Meinen Eltern, die den Wunsch, Archäologe zu werden, unwidersprochen hingenommen und mir ermöglicht haben, ihn wahr werden zu lassen. Meinem Vater auch an dieser Stelle noch einmal besonderer Dank für die schon im Text erwähnten umfangreichen Museumsexkursionen meiner Kindheit, die sicher einiges dazu beigetragen haben, mich am Ende auf diesen Weg zu bringen.

Den Freundinnen und Freunden, die auf gemeinsamen Reisen oft genug archäologische »Sehenswürdigkeiten« besuchen und sich meine Monologe anhören mussten (you know who you are) sei ebenso gedankt wie den Kolleginnen und Kollegen aus der Archäologie (und ich schätze mich glücklich, dass es eine große Schnittmenge zwischen beiden gibt), mit denen ich gemeinsam manch fordernde, aber immer spannende Expedition überstehen durfte (insbesondere: Laura, Oliver, Tobias, Bernd, Florian, Michael und Lee).

An Silke und Uli außerdem besonderer Dank für ihr immer offenes Ohr, wenn ich so gar keine Ahnung von geowissenschaftlichen Vorgängen habe.

Meinen akademischen Lehrern Biba Teržan, Carola Metzner-Nebelsick und Bernhard Hänsel verdanke ich eine umfassende (ich würde gar sagen die beste) archäologische Ausbildung, Heidi Peter-Röcher und Klaus Schmidt fast alles, was ich über die kleinen und großen Kniffe des Ausgrabens gelernt habe. Sollten sich dennoch Ungenauigkeiten im Buch finden, gehen die freilich ganz allein auf meine Kappe.

Ohne das großartige Team und die Mitstreiterinnen von hanserblau in Berlin schließlich wäre es vermutlich nie zu *Staub, Steine, Scherben* gekommen. Von der Idee über aufbauende Autorengespräche bis hin zu den feinen gestalterischen Details verdanke ich und verdanken auch Leserinnen und Leser dieses Buch in seiner jetzt vorliegenden Form ihrem unermüdlichen Einsatz.

Nicht genug danken kann ich, zu guter Letzt, meiner Frau: Ohne Dich wäre das alles hier wohl gar nichts geworden.

Notiz zur Sprache

Repräsentation liegt mir nicht nur als Forschungsthema am Herzen. Wenn ich hier also für Leserinnen und Leser und über Kolleginnen und Kollegen schreibe, soll sich auch jede und jeder angesprochen fühlen. Die erste Fassung dieses Manuskripts las sich daher auch, zugegeben, ziemlich sperrig: Der gute Wille zur geschlechtergerechten Sprache ging zulasten von Lesbarkeit und Verständlichkeit. Das kann freilich kein Grund sein, es dann einfach zu lassen.

Laut Statistischem Bundesamt waren im Wintersemester 2021/22 mehr als die Hälfte der Studierenden in (dort erfassten) archäologischen Fächern Frauen[38], und in der 2014 von europäischen Universitäten, Forschungseinrichtungen und Fachverbänden veröffentlichten Studie »Discovering the Archaeologists of Europe« ist das Verhältnis in Deutschland tätiger Archäologinnen (48,2 %) und Archäologen (51,8 %) ebenfalls recht ausgeglichen. Tatsächlich gibt es keine archäologische Tätigkeit, die ausschließlich Männern oder Frauen vorbehalten wäre. Das Fach ist so divers wie sein Forschungsgegenstand.

Deshalb erschien es mir nur konsequent, das hier auch genau so abzubilden und immer wieder zwischen den Kollektivbezeichnungen, zwischen generischem Femininum und

---

38 Für die Ägyptologie werden 40,5 % männlicher und 59,5 % weiblicher Studierender genannt, unter Archäologie 46,5 % Frauen und 53,3 % Männer summiert, in der Ur- und Frühgeschichte sind es 46,9 % beziehungsweise 53 %.

Maskulinum, zu wechseln. Die anderen Geschlechter sind dabei natürlich stets mitgemeint. Das mag am Anfang ungewohnt sein, sollte im Lesefluss aber bald kaum noch auffallen. Denn schließlich geht es ja genau darum: alte Gewohnheiten zu überwinden.

Literatur

Weiterforschen

Jeorjios Martin Beyer, *Archäologie. Von der Schatzsuche zur Wissenschaft* (Darmstadt 2010).

Adolf H. Borbein, Tonio Hölscher & Paul Zanker, *Klassische Archäologie. Eine Einführung* (Berlin 2009).

C. W. Ceram, *Götter, Gräber und Gelehrte. Roman der Archäologie* (Hamburg 2011).

Hans Jürgen Eggers, *Einführung in die Vorgeschichte* (Schöneiche 2018).

Manfred K. H. Eggert, *Archäologie. Grundzüge einer historischen Kulturwissenschaft* (Tübingen und Basel 2006).

Brian Fagan, *A Little History of Archaeology* (New Haven und London 2018).

Tonio Hölscher, *Klassische Archäologie. Grundwissen* (Darmstadt 2006).

Alain Schnapp, *Die Entdeckung der Vergangenheit. Ursprünge und Abenteuer der Archäologie* (Stuttgart 2010).

Martin Trachsel, *Ur- und Frühgeschichte. Quellen, Ziele, Methoden* (Zürich 2008).

Weitersondieren

Anders Andrén, *Between Artifacts and Texts. Historical Archaeology in Global Perspective* (New York 1998).

Helmut Becker (Hrsg.), *Archäologische Prospektion. Luftbildarchäologie und Geophysik*, Arbeitshefte des Bayerischen Landesamts für Denkmalpflege 59 (München 2000).

Norbert Buthmann, Martin Posselt & Benno Zickgraf, *Archäologie im Messbild. Geophysikalische Prospektion archäologischer Fundplätze in Hessen* (Rahden 2008).

Harald Meller (Hrsg.), *Fundsache Luther. Archäologen auf den Spuren des Reformators* (Stuttgart 2008).

Wolfgang Neubauer, *Magnetische Prospektion in der Archäologie* (Wien 2001).

Sarah Parcak, *Archaeology from Space. How the Future Shapes Our Past* (New York 2019).

Hermann Parzinger & Wilfried Menghin (Hrsg.), *Im Zeichen des goldenen Greifen. Königsgräber der Skythen* (München 2007)

Baoquan Song, Klaus Leidorf & Eckhard Heller, *Luftbildarchäologie. Spuren der Vergangenheit aus der Luft* (Darmstadt 2019).

Weitergraben

Ernst Baltrusch, Morten Hegewisch, Michael Meyer, Uwe Puschner und Christian Wendt (Hrsg.), *2000 Jahre Varusschlacht. Geschichte – Archäologie – Legenden* (Berlin 2012).

Rainer Michael Boehmer & Ernst Walter Andrae (Hrsg.), *Bilder eines Ausgräbers. Die Orientbilder von Walter Andrae 1898–1919* (Berlin 1992).

John Collis, *Digging up the Past. An Introduction to Archaeological Excavation* (Stroud 2001).

Daniela Heller, *Pfostenloch* (München 2022).

Alexander Fol & Jan Lichardus (Hrsg.), *Das Gräberfeld von Varna (Bulgarien) und die Anfänge einer neuen europäischen Zivilisation* (Saarbrücken 1990).

Kathleen Kenyon, *Digging up Jericho* (London 1957).

Barbara Ann Kipfer, *The Archaeologist's Fieldwork Companion* (Oxford 2007).

Harald Meller & Kai Michel, *Die Himmelsscheibe von Nebra. Der Schlüssel zu einer untergegangenen Kultur im Herzen Europas* (Berlin 2020).

Jack Repcheck, *Der Mann, der die Zeit fand. James Hutton und die Entdeckung der Erdgeschichte* (Stuttgart 2007)

Konrad Spindler, Elisabeth Rastbichler-Zissernig, Harald Wilfing, Dieter Nedden & Hans Nothdurfter (Hrsg.), *Der Mann im Eis. Neue Funde und Ergebnisse* (Wien 1995).

Geoffrey John Tassie & Lawrence Stewart Owens, *Standards of Archaeological Excavations; A Fieldguide to the Methodology, Recording Techniques and Conventions* (London 2010).

Anna Ockert & Holger Kieburg (Hrsg.), *Im Feld. Wie der Grabungsalltag wirklich aussieht* (Darmstadt 2020).

Weiterauswerten

Norbert Benecke, *Der Mensch und seine Haustiere. Die Geschichte einer jahrtausendealten Beziehung* (Stuttgart 2001).

Reinhard Bernbeck, *Theorien in der Archäologie* (Tübingen/Basel 1997).

Manfred K.H. Eggert, *Prähistorische Archäologie. Konzepte und Methoden* (Tübingen/Basel 2008).

Alix Hänsel & Bernhard Hänsel (Hrsg.), *Gaben an die Götter. Schätze der Bronzezeit Europas* (Berlin 1997).

Andreas Hauptmann & Volker Pingel (Hrsg.), *Archäometrie. Methoden und Anwendungsbeispiele* (Stuttgart 2008).

Bernd Herrmann, Gisela Grupe, Susanne Hummel, Hermann Piepenbrink & Holger Schutkowski, *Prähistorische Anthropologie. Leitfaden der Feld- und Labormethoden* (Berlin/Heidelberg 1990).

Jørgen Ilkjær, *Illerup Ådal – Archaeology as a Magic Mirror* (Højbjerg 2022).

Elizabeth D. Jones, *Ancient DNA. The Making of a Celebrity Science* (New Haven, Connecticut 2022).

Harald Meller & Kai Michel, *Das Rätsel der Schamanin* (Hamburg 2022).

Josef Mühlenbrock & Tobias Esch, *Irrtümer & Fälschungen der Archäologie* (Mainz 2018).

Paul Pettitt, *The Paleolithic Origins of Human Burial* (London 2010).

Josef H. Reichholf, *Der Hund und sein Mensch. Wie der Wolf sich und uns domestizierte* (München 2020).

Colin Renfrew & Paul G. Bahn, *Archaeology. Theories, Methods and Practice* (London 2020).

Dennis C. Turner & Patrick Bateson (Hrsg.), *Die domestizierte Katze. Eine wissenschaftliche Betrachtung ihres Verhaltens* (Rüschlikon-Zürich 1988).

Günther A. Wagner (Hrsg.), *Einführung in die Archäometrie* (Berlin/Heidelberg 2007).

Weiterlesen

Brian Fagan & Nadia Durrani, *Klima. Mensch. Geschichte. Für die Zukunft von unseren Vorfahren lernen* (Stuttgart 2022).

Peter Frankopan, *Zwischen Erde und Himmel. Klima – eine Menschheitsgeschichte* (Berlin 2023).

David Graeber & David Wengrow, *Anfänge. Eine neue Geschichte der Menschheit* (Stuttgart 2022).

Brenna Hassett, *Warum wir sesshaft wurden und uns seither bekriegen, wenn wir nicht gerade an tödlichen Krankheiten sterben* (Darmstadt 2018).

Jürgen Kunow & Michael M. Rind, *Archäologische Denkmalpflege. Theorie, Praxis, Berufsfelder* (Tübingen 2022).

Thomas Reitmaier, *Gletscherarchäologie: Kulturerbe in Zeiten des Klimawandels* (Darmstadt 2021).

Daniela Vogt, *Schutz von Kulturgut* (Stuttgart 2021).

Rebecca Wragg Sykes, *Der verkannte Mensch. Ein neuer Blick auf Leben, Liebe und Kunst der Neandertaler* (München 2022).

Olaf Zimmermann (Hrsg.), *Altes Zeug. Beiträge zur Diskussion zum nachhaltigen Kulturgutschutz* (Berlin 2016).

Jens Notroff, Jahrgang 1980, ist Archäologe, Illustrator und Wissenschaftskommunikator. Seine Forschungsinteressen umfassen das Neolithikum und die Bronzezeit, wobei er sich besonders für die Repräsentation von Macht und Herrschaft in prähistorischen Gesellschaften, Kultstätten sowie Bestattungsbräuche und Totenrituale interessiert und eine besondere Neugier für sogenannte Sonderbestattungen hegt. Er lebt in Berlin.